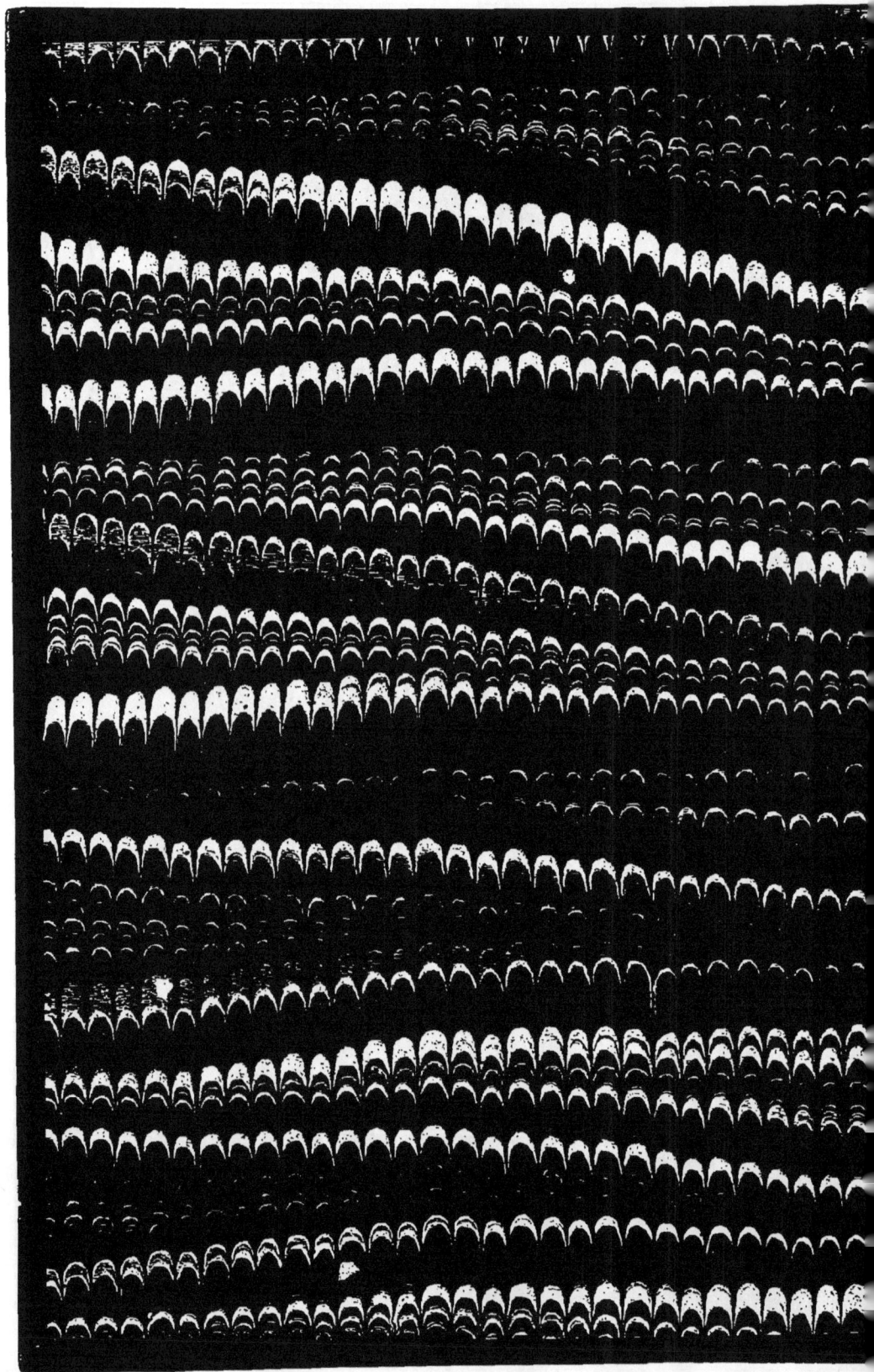

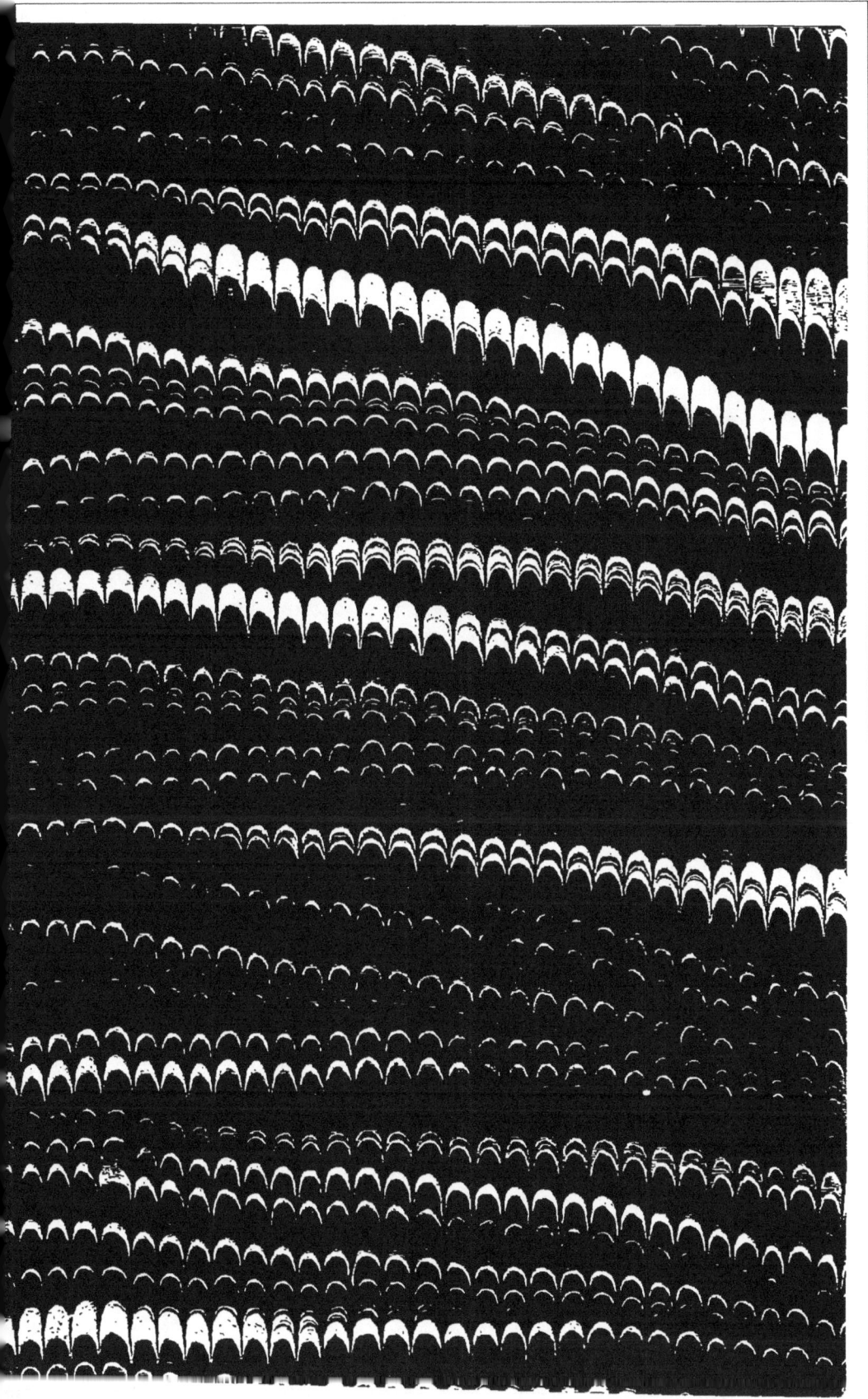

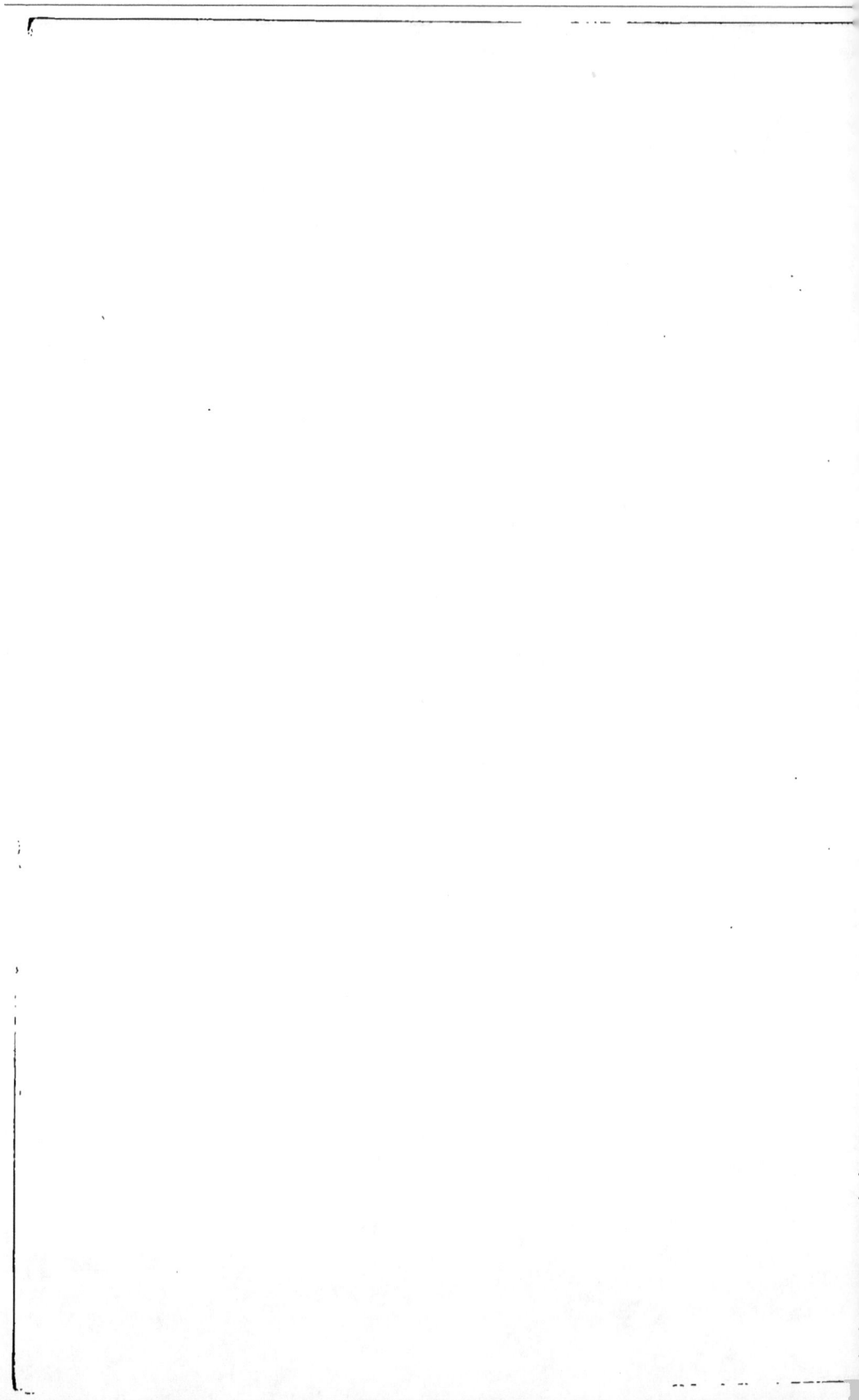

Estat, Noms et Nombre

DE TOUTES LES

RUES DE PARIS

En 1636

d'après le manuscrit inédit de la Bibliothèque nationale

PRÉCÉDÉS D'UNE

ÉTUDE SUR LA VOIRIE ET L'HYGIÈNE PUBLIQUE

A PARIS

depuis le XIIe siècle

PAR ALFRED FRANKLIN

de la Bibliothèque Mazarine.

PARIS

LIBRAIRIE LÉON WILLEM

7, RUE PERRONET, 7,

1873

COLLECTION DE DOCUMENTS

rares ou inédits

RELATIFS A L'HISTOIRE DE PARIS.

~~~~~~

LES RUES DE PARIS

En 1636.

TIRÉ A 35o EXEMPLAIRES

TOUS NUMÉROTÉS

325 sur papier vergé des Vosges.

22 — chine véritable.

3 sur parchemin.

N° *196.*

Estat, Noms et Nombre

DE TOUTES LES

RUES DE PARIS

En 1636

d'après le manuscrit inédit de la Bibliothèque nationale

PRÉCÉDÉS D'UNE

ÉTUDE SUR LA VOIRIE ET L'HYGIÈNE PUBLIQUE

A PARIS

depuis le XIIe siècle

PAR ALFRED FRANKLIN

de la Bibliothèque Mazarine.

PARIS

LIBRAIRIE LÉON WILLEM

7, RUE PERRONET, 7,

—

1873

LA VOIRIE

ET L'HYGIÈNE PUBLIQUE

à Paris

DEPUIS LE XIIᵉ SIÈCLE.

I.

Nos anciens chroniqueurs font déri-
ver le mot *Lutetia* du substantif la-
tin *lutum*, qui signifie *boue : Lutea
enim a luti fœtore prius dicta fuerat
civitas*, dit Rigord [1]; et on lit dans les *Chroniques de Saint-Denis :* « ele fu apelée à ce
tens par son premier non Leuthece, qui
vaut autant à dire come vile bououse ou

1. *Gesta Philippi Augusti,* dans le *Recueil des
historiens des Gaules,* t. XVII, p. 16.

plaine de boue [1] ». Cette étymologie est sans
doute inexacte ; mais nous verrons qu'elle
resta vraisemblable longtemps encore après
que la petite Lutèce eut pris le nom de
Paris [2].

1. *Recueil des historiens des Gaules*, t. XVII,
p. 359.

D'autres auteurs donnent au mot *lutum* un sens
différent. Elle fut, dit Corrozet (*Antiquitez de Paris*, p. 4), appelée « Lutesse, a *luto*, c'est-à-dire
bouë ou gresse de terre, à cause de la fertilité du
lieu. » — A. du Chesne semble plus porté à croire
que Lutèce vient du grec *Leucothoe*, qu'il traduit par
« blancheur du corps, candeur des mœurs. » (*Antiquitez de la France*, p. 4). — Citons encore, pour
mémoire, l'opinion fantaisiste de Rabelais, qui se
rapproche un peu de cette dernière : « On l'appeloit
Leucece, c'est-à-dire en grec, blanchette, pour les
blanches cuisses des dames dudict lieu. » (*Gargantua*,
liv. I, ch. xvii.) — Indiquons, en outre, sur ce sujet : Raoul de Presles, *Traduction de la cité de Dieu*,
lib. V, cap. xxv ; Guillebert de Metz, *Description
de Paris*, ch. iv ; Pasquier, *Recherches sur la
France*, liv. IX, ch. ii ; Lebeuf, *Histoire du diocèse
de Paris*, t. I, p. 365 ; Sauval, *Histoire de Paris*,
t. II, p. 229 et s.

2. L'étymologie de ce nom n'a pas inspiré moins
d'extravagances que la précédente. Suivant l'opinion
la plus répandue jusqu'au xvie siècle, Paris devrait
son origine à un fils d'Hector, nommé Francus.
Échappé au sac de Troie, l'éternel point de départ
de tous les fondateurs d'antiques cités, il devint roi
des Gaules, bâtit d'abord la ville de Troyes en Cham-
pagne, puis vint créer la capitale actuelle, à laquelle

Jusqu'au XIIe siècle, on ne se préoccupa point de l'assainissement de la capitale ; quelques ordonnances relatives à l'hygiène publique et à la voirie furent bien rendues, de loin en loin, par les prévôts royaux, mais nul d'entre eux ne tint la main à leur exécution. Il est réellement difficile aujourd'hui de se faire une idée de l'aspect qu'offrait alors les rues de Paris. Point de pavé, un sol inégal, détrempé, boueux, sans cesse couvert de gravois et d'ordures ; aucune pente régulière, aucun moyen d'écoulement pour les eaux ménagères, qui y croupissaient, mêlées aux plus repoussantes immondices. Impraticable en hiver pour les chariots, ce sol imprégné de dépôts fétides, exhalait en été d'épaisses et nauséabondes vapeurs, et celles-ci montaient lourdement entre les habitations, encore construites en bois, couvertes d'un toit plat, et si rapprochées que, d'un côté de la rue à l'autre, les voisins, accoudés à leur fenêtre, pouvaient causer familièrement. Les oies, les lapins,

il donna le nom de son oncle Pâris. — A. du Chesne (*Antiquitez de la France*, p. 11), se prononce pour le mot *Parrhisia*, qui signifierait hardiesse. — Adr. de Valois (*Notitia Galliarum*, p. 398 et 438) se montre un peu plus raisonnable.

les pigeons, les canards, les porcs surtout pataugeaient autour des tas d'ordures et des mares infectes, et disputaient le passage aux habitants. En 1131, l'héritier présomptif de la couronne de France, Philippe, fils aîné de Louis le Gros, suivant à cheval la *rue du Martroi*[1], alors *rue Saint-Jean,* fut renversé par un des cochons qui encombraient la chaussée, et mourut des suites de cette chute[2].

Rigord, historien de Philippe-Auguste et son contemporain, nous apprend que ce prince s'étant mis un jour à la fenêtre de son palais (le *palais de Justice* actuel), au moment où passaient des chariots, fut suffoqué par l'odeur qui s'exhalait de la boue dans laquelle les roues enfonçaient. Il convoqua aussitôt le prévôt et les bourgeois, et leur ordonna de faire paver avec de durs

1. Elle a été supprimée en 1837. Elle se terminait sous une arcade que remplaça la grande porte qui, sous l'empire, conduisait aux appartements du préfet de la Seine.

2. *Hunc* (Philippum) *in Parisiis equitantem, in medio vico S. Johannis porcus anticipavit, per quem equus ejus cespitans cecidit; ipse vero sub equo collisus expiravit.* Joh. Iperius, *chronica Sithiensis,* dans le *Recueil des historiens des Gaules,* t. XIII, p. 469.

carreaux de pierre toutes les rues de la
ville [1]. Voici en quels termes cet événement
est raconté par les *Chroniques de Saint-
Denis*, qui ne font ici que traduire presque
littéralement la chronique de Rigord : « Apres
ce que li Rois fut retornez à Paris, il sejorna
ne sai quanz jors. Une heure aloit par son
palais pensant à ses besoignes, come cil qui
moult estoit curieus de son roiame main
tenir et amender. Il s'apuia à une des fenestres de la sale, à laquelle il s'apuioit
aucunes foiz pour Saine regarder et pour
avoir recreation de l'air. Si avint en ce point
que charetes que on charioit parmi les rues,

1. *Factum est autem post aliquot dies, quod Phi-
lippus Rex semper Augustus Parisius aliquantulum
moram faciens, dum sollicitus pro negotiis regni
agendis in aulam regiam deambularet, veniens ad
palatii fenestras, unde fluvium Sequanæ pro recrea-
tione animi quandoque inspicere consueverat, rhedæ
equis trahentibus per civitatem transeuntes, fœtores
intolerabiles lutum revolvendo procreaverunt. Quod
Rex in aula deambulans ferre non sustinens, arduum
opus, sed valde necessarium, excogitavit, quod omnes
prædecessores sui ex nimia gravitate et operis im-
pensa aggredi non præsumpserant. Convocatis autem
burgensibus cum præposito ipsius civitatis, regia
auctoritate præcepit quod omnes vici et viæ totius
civitatis Parisii duris et fortibus lapidibus sterne-
rentur.* Rigord, *vita Philippi Augusti*, dans le *Recueil des historiens des Gaules*, t. XVII, p. 16.

esmurent et toouillierent si la boue et l'or-
dure dont ele estoient plaines, que une
puors en issi si granz que à peines la peust
nus soufrir; si monta jusques à la fenestre
où li Rois seait. Quant il senti cele puor si
corrompue, il s'entorna de cele fenestre en
grant abomination de cuer : pour cele raison
conçut-il en son corage à faire une grant
ovre et somptueuse, mais moult necessaire,
tele que tuit si devancier n'oserent ainques
enprendre ne comencier pour les granz couz
que à cele ovre aferoient. Lors fist mander
le presvost et les borjois de Paris, et leur
commanda que toutes les rues et les voies
de la cité fussent pavées bien et soinieuse-
ment de grez gros et fort. [1] »

C'était, bien entendu, aux frais de la ville
que devait se faire cette dépense. Corrozet
se trompe donc quand il parle de « certains deniers que le roy feit delivrer [2]. »
Mézeray, plus exact en ce point, nous dit que
les bourgeois s'empressèrent d'obéir aux or-
dres de Philippe-Auguste, et il ajoute naïve-
ment : « Ils l'eüssent fait avec bien plus de

1. *Recueil des historiens des Gaules*, t. XVII,
p. 358.
2. *Les Antiquitez de Paris*, p. 64.

ȝoye, si ce n'eust pas esté à leurs dépens [1]. »
On prétend cependant qu'un des financiers de
l'époque, nommé Gérard de Poissy, voulut
fixer lui-même sa cotisation à onze mille
marcs d'argent ; mais le fait est très-douteux.

Ce pavage, qui paraît avoir été exécuté
avec soin, ne s'étendit qu'au commencement
des *rues Saint-Denis* et *Saint-Jacques*, et à
ce que l'on appelait la *croisée* de Paris, c'est-
à-dire à deux voies un peu plus larges que
les autres, dont l'une suivait la direction de la
rue Saint-Honoré actuelle, tandis que l'autre
traversait la Cité et servait de trait d'union
entre les deux ponts[2]. Le reste de la ville ne
fut pavé que successivement, et la moitié au
moins de Paris ne l'était pas encore sous
Louis XIII. Guillaume le Breton rapporte
qu'on se servit pour ce travail de « pierres
carrées[3] » ; et cette assertion a été confirmée
par l'abbé Lebeuf, qui retrouva au bas de la

1. *Abrégé chronologique de l'histoire de France*,
t. I, p. 496.
2. Le *petit pont*, qui a conservé ce nom, et le
grand pont, aujourd'hui *pont-au-Change*.
3. *Fecit omnes vicos quadratis lapidibus pavimen-
tari.* Guillelmus Armoricus, *de gestis Philippi Augusti*, dans le *Recueil des historiens des Gaules*,
t. XVII, p. 67.

rue Saint-Jacques, à huit pieds sous terre, plusieurs traces de ce pavage primitif; il était composé de fortes dalles, qui mesuraient de trois à quatre pieds en long et en large, et étaient épaisses d'un demi-pied environ [1].

Nous devons à Philippe le Long la première ordonnance relative à l'éclairage de Paris pendant la nuit, et l'on va voir ce que fut à son début un service qui a pris de nos jours un si grand développement. Il paraît que les malfaiteurs, auxquels les rues plongées dans l'obscurité appartenaient jusqu'au matin, choisissaient surtout alors pour théâtre de leurs exploits les environs du grand Châtelet; le notaire Louis Carré en avertit le roi qui, au mois de janvier 1318, ordonna que, « pour cause de clarté, » une lanterne munie d'une chandelle allumée serait placée chaque soir « devant l'image de la benoiste Vierge Marie, lequel image est ains de costé la porte de l'entrée du dit Chastelet [2]. » Voilà en quoi consistait, il y a cinq cents ans, tout l'éclairage de Paris.

1. Lebeuf, *Dissertations sur l'histoire ecclésiastique et civile de Paris*, t. I, p. 85.
2. Frégier, *Histoire de l'administration de la police de Paris*, pièces justificatives, t. I, p. 547.

Le premier règlement général de police qui ait régi la capitale est l'ordonnance du 3o janvier 135o [1], publiée sous le règne désastreux du roi Jean. Toutes les questions qui, de près ou de loin, intéressent cette multiple administration y sont successivement passées en revue, et reçoivent des solutions fort sensées, dont quelques-unes sont encore aujourd'hui en vigueur.

Quatre articles y sont plus spécialement consacrés à l'hygiène publique et à la voirie.

Le malheur arrivé, deux cents ans auparavant, au fils de Louis le Gros, n'avait pas fait renoncer les Parisiens à l'habitude d'envoyer leurs pourceaux chercher pâture dans les rues, car le titre LXI de l'ordonnance de 135o renouvelle à cet égard des prescriptions déjà anciennes et défend même de posséder aucun de ces animaux ; les sergents du Châtelet étaient autorisés à tuer tous ceux qu'ils trouveraient : la tête leur appartenait, le corps devait être porté aux hôpitaux [2], et le propriétaire de l'animal payait

---

1. Elle se trouve dans les *Ordonnances des rois de France de la troisième race*, t. VII, p. 243.

2. Charles V et Charles VI allouèrent plus tard à l'Hôtel-Dieu les produits de mauvaise qualité confisqués chez les boulangers, les rôtisseurs et les fabri-

en outre une amende de dix sols [1]. Les habitants de chaque maison étaient tenus de balayer le devant de leurs portes, et de faire transporter les boues et ordures soit dans les champs, soit dans certains endroits désignés ; mais le balayage était interdit pendant la pluie, afin de laisser à l'eau son libre écoulement [2]. Nul ne pouvait commencer une construction sans s'être auparavant assuré les moyens de faire rapidement enlever toutes les terres, pierres et gravois qui eussent

cants de chandelles. Voy. Rondonneau de la Motte, *Essai historique sur l'Hôtel-Dieu*, p. 39.

1. « Nul ne soit si hardy d'avoir, tenir, nourrir, ne soustenir dedans les murs de la ville de Paris aucuns pourçaux. Et qui sera trouvé faisant le contraire, il payera dix sols d'amende. Et seront les pourçaux tuez par les sergens, et aura le tuant la teste, et sera le corps porté aux Hostels-Dieu de Paris, qui payeront les porteurs d'iceux. » (Titre LXI)

2. « Pour quelconques pluyes, ou autres choses descendant des cieux, nuls ne soient si hardis de curer, ballayer ou nettoyer devant son huys jusques à ce que la pluye soit passée et esgoutée; mais laissera-t-on l'eau avoir son cours, si comme elle peut avoir de raison. Mais l'eau passée, quiconque voudra bouter, ballayer ou nettoyer devant son huys, faire le pourra et devra, par tel si, que tantost ladite cureure ou nettoyeure sera ostée et portée aux lieux accoustumez. Et qui sera trouvé faisant le contraire sera tenu à ladite amende. » (Titre LXII.)

obstrué la voie publique [1] ; les conducteurs des chariots employés à ces transports devaient veiller à ce qu'il ne s'en répandit pas dans les rues [2]. L'ordonnance encourage aussi l'établissement de fosses d'aisances dans les maisons ; elle prend sous sa protection les « vuidangeurs, appellez maistres fifi, » et statue que « quiconque leur dira vilenie, il l'amenderie d'amende volontaire, autres qu'amendes accoustumées en cas d'injures [3]. » On recommandait enfin aux propriétaires de

1. « Quiconque fera maçonner, ou faire aucuns édifices en la ville de Paris, parquoy il luy sera mestier de mettre aucuns terreaux, pierres, merrein, gravois ou autres choses sur la voirie du Roy nostre sire, faire le pourra, par si et en telle manière, que si-tost comme il commencera à mettre lesdits terreaux, pierres, merrein, gravoirs, et autres choses sur ladite voirie, il ait les tumbereaux, hotteurs et porteurs tout prests pour porter lesdits gravoirs, pierres, merrein, ou autres choses aux lieux accoustumez, en la manière et selon qu'ils seront ostez, et mis hors dudit hostel dont ils seront issus. Et quiconque sera trouvé faisant le contraire, il sera tenu de payer au Roy nostre sire dix sols d'amende. » (Titre LX).

2. « Nuls qui portent beuë, ou menent terreaux, gravoirs ou autres choses, de nuit ou de jour, ne soient si hardis de les laisser choir, espandre, ne mettre en ruës, mais les portent aux lieux accoustumez. » (Titre LXIII).

3. Titre LIV.

faire paver la chaussée devant leurs façades [1], car l'État ne subvenait aux frais du pavage que pour la *croisée* de Paris ; la Ville, cependant, fournissait le pavé de certaines places publiques, de plusieurs quais et de quelques rues très-fréquentées.

On a vraiment peine à s'expliquer l'indifférence que montrèrent pendant si longtemps les Parisiens pour toutes les questions relatives à la voirie et à l'hygiène publique ; et le fait paraît presque inconcevable quand on se souvient de quel prix ils payaient cette insouciance. La lèpre était à Paris en permanence, et les deux léproseries situées hors des murs pouvaient à peine suffire à la multitude des malades. Un fléau, plus général et plus meurtrier encore, la peste noire, qui n'épargnait pas même les animaux, éclata sur Paris en 1348, y sema durant plusieurs mois l'épouvante et enleva un tiers de la population [2] ; c'est d'ailleurs là l'origine de

1. « Chacun en droit soy facent refaire les chaussées quand elles ne seront suffisantes, tantost et sans delay, en la maniere et selon qu'il est accoustumé à faire d'ancienneté des ruës dont le prevost des marchands est tenu de faire. » (Titre LXIV).

2. Voy. J. Michon, *Documents inédits sur la grande peste de 1348.*

la sage ordonnance que nous venons d'ana-
lyser. Mais, dès que le danger immédiat
avait disparu, le Parisien oubliait ses ter-
reurs, reprenait ses anciennes habitudes, et
négligeait les prescriptions qui eussent pu
prévenir le retour du fléau. Les considérants
d'une ordonnance rendue par Charles VI
en mars 1388, quarante ans à peine après
l'invasion de la peste noire, vont nous mon-
trer dans quel état se trouvait alors la capitale.

Commençons par le pavage : « Les chaussées, dit le roi, sont moult empiriez, et
telement decheuz en ruine et dommagiez,
que en plusieurs lieux l'on ne peut bonnement aler à cheval ne à charroy sans tres
granz perilz et inconveniens ; et sont les
chemins des entrées des portes si mauvaiz
et telement dommagiez, empiriez et affon-
drez, que à tres grans perilz et paines l'on
y peut admener les vivres et denrées pour
le gouvernement de nostre peuple. » On
pense bien que ces rues effondrées et im-
praticables n'étaient pas balayées souvent;
écoutons encore le roi : « Ycelle ville a esté
tenuë longtemps et encores est si orde et si
pleine de boës, fiens, gravoiz et ordures que

chacun a lessié et mis communement devant
son huis, que c'est grant horreur et tres grant
desplaisir à toutes personnes de bien et d'on-
neur. Et sont ces choses en tres grant esclan-
dre, vitupere et deshonneur d'icelle ville et
au grant grief et prejudice des creatures hu-
maines demourans et frequentans en nostre
dicte ville, qui par l'infeccion et punaisie
desdites boës, fiens et autres ordures, sont
encourues au temps passé en griefs maladies,
mortalitez et enfermetez de corps, dont il
nous desplaist et non sans cause. » L'ordonnance conclut comme la précédente, et
ne pouvait mieux faire ; elle veut que toutes
les personnes, « de quelque estat ou con-
dicion qu'elles soient, » possédant à Paris
des habitations aient soin de « les tenir
nettes, et faire oster les boës, gravoiz, fiens
et autres ordures qui sont ou seront trouvées
devant leurs maisons et autres ediffices ; et
de faire admender et refaire les pavemens
des chauciées [1]. »

Cette ordonnance resta à peu près sans
effet. Les Parisiens se décidèrent pourtant à
balayer le devant de leurs portes, mais on

1. Isambert, etc., *Recueil général des anciennes
lois françaises*, t. VI, p. 663.

ne put obtenir d'eux qu'ils fissent transporter les immondices dans les endroits désignés ; ils les accumulaient sur les places
publiques, qui devenaient ainsi inaccessi-
bles [1], ou, au mépris des ordonnances de
1348 et de 1356, les jetaient dans la Seine.
Le prévôt renouvela ses injonctions ; puis,
comme les voituriers exigeaient des prix
trop élevés pour l'enlèvement des ordures,
il fixa lui-même une taxe proportionnée à
la distance qui séparait chaque rue du lieu
de décharge. Enfin, l'état de la rivière devint tel, qu'une ordonnance royale de janvier 1404 [2] provoqua une enquête sur ce
point, et menaça les riverains de faire curer
la Seine à leurs frais.

Les voiries assignées pour le transport des
immondices recueillis dans les rues et des
matériaux provenant de démolitions étaient
situées hors des murs, et l'accumulation des
débris qu'elles reçurent formèrent, avec le
temps, des éminences que nous retrouvons
dans le Paris actuel. Tant que subsista

1. Voyez Delamarre, *Traité de la police,* t. IV,
p. 204.
2. *Ordonnances des rois de France de la troisième
race,* t. IX, p. 43.

l'enceinte de Philippe-Auguste, les voiries restèrent établies sur les emplacements qu'occupent aujourd'hui la *rue du Mail*, la *rue Baillif*, la *rue Taranne* et le *labyrinthe* du Jardin des Plantes. Sous le règne de Charles VI elles furent reculées ainsi que l'enceinte, au moins pour la rive droite, et transportées sur les points où l'on construisit dans la suite la *rue Amelot*, la *rue des Filles-du-Calvaire*, la *rue Meslay*, la *porte Saint-Denis*, la *porte Saint-Martin*, et la *butte Saint-Roch*.

Nous devons constater ici que les abbayes, même les plus nombreuses et les plus riches, opposèrent une vive résistance à toutes les mesures que nous venons d'énumérer. Exigeant sans cesse et partout des exemptions ou des priviléges, le clergé régulier entravait les meilleurs projets et affaiblissait l'influence déjà bien limitée du gouvernement. C'est ainsi qu'au mépris des termes formels des ordonnances de 1350 et de 1388, le prévôt dut, le 14 mai 1395, autoriser les douze pourceaux de l'abbaye de Saint-Antoine à continuer d'errer dans Paris munis de leurs sonnettes et de certaines marques distinctives.

On voit qu'au point de vue de la propreté, la capitale, qui comptait alors environ deux cent quatre-vingt mille habitants [1], avait bien peu gagné depuis deux siècles. Mais elle dut à Hugues Aubriot, prévôt de Paris sous Charles V, quelques améliorations. La plus importante, dans l'ordre de faits qui nous occupe, fut la création d'un long égout voûté établi sous la *rue Montmartre*, et auquel Aubriot a dû de passer longtemps pour le créateur des égouts de Paris. Il en existait cependant déjà plusieurs, mais presque tous coulaient à ciel ouvert et répandaient sur leur parcours de fétides exhalaisons.

Les eaux de la rive gauche se rendirent pendant longtemps dans la Bièvre ; mais, à partir de 1356, des fossés ayant été creusés en dehors et tout le long du mur d'enceinte, es égouts allèrent s'y déverser ; les boues et les immondices étaient ainsi conduites jusqu'à la Seine, où elles se jetaient à la hauteur de l'hôtel de Nesle (aujourd'hui *l'Institut*).

1. D'après les calculs de M. H. Géraud, qui donne le chiffre de 215,861 habitants pour l'année 1292, et le chiffre de 274,941 pour l'année 1328. Voy. H. Géraud, *Paris sous Philippe le Bel*, p. 465 et s.

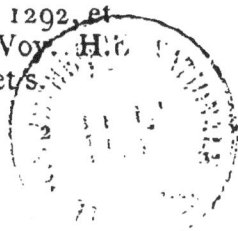

Sur la rive droite, les eaux du quartier qui avoisinait la Bastille se réunissaient vis-à-vis de l'église Saint-Paul ; là, elles entraient dans un égout pratiqué sous la *rue Saint-Antoine,* qui les amenait dans les fossés de la forteresse. Cet égout, appelé le *Pont-Perrin,* était un voisinage aussi désagréable que malsain pour les habitants de l'hôtel Saint-Paul, alors séjour ordinaire des rois de France, et l'on se décida, vers 1412, à le détourner. Son point de départ resta à l'église Saint-Paul, mais on dirigea son cours tout droit vers le nord, le long du palais des Tournelles, et à travers la *culture Sainte-Catherine,* sur l'emplacement de la *rue de Turenne* actuelle (autrefois *rue de l'Égout* et *rue Saint-Louis*) ; arrivé au mur d'enceinte, il tournait à l'ouest, suivait les fortifications du *Temple* jusqu'à la porte de ce nom, traversait alors le fossé de la ville au moyen d'un canal en maçonnerie, et allait se jeter dans le lit du *ruisseau de Ménilmontant*[1]. A son tour, l'hôtel des Tournelles

---

1. Des collines qui environnent Paris sortaient alors de nombreuses fontaines, qui formaient en se réunissant un ruisseau dont les anciens plans indiquent le cours. Il commençait au bas de la

devint bientôt inhabitable ; aussi, la du-
chesse d'Angoulême, mère de François Ier,
qui y résidait, se décida-t-elle à acheter,
en 1518, dans un quartier éloigné, une propriété appartenant à M. de Neuville [1], et qui
devint plus tard le *palais des Tuileries*.

Un autre égout, qui aboutissait également
au ruisseau de Ménilmontant, partait de la
rue Saint-Denis, un peu au-dessous du
couvent des Filles-Dieu, et suivait l'emplacement des rues actuelles *du Ponceau* et
du Vert-Bois. Cet égout, comme le précé-
dent, coulait à ciel ouvert ; de petits ponts
ou *ponceaux* permettaient cependant le passage aux endroits où ils traversaient des rues
importantes.

Les eaux du quartier des Halles coulaient
dans la direction de la *rue du Cadran* actuelle, et se jetaient dans l'égout voûté de
la *rue Montmartre*. Celui-ci traversait le
fossé dans une auge de madriers reposant

colline de Ménilmontant, coulait de l'est au sud-
ouest et allait se jeter dans la Seine au-dessous de
la butte de Chaillot, à peu près à la hauteur de la
rue Basse-Saint-Pierre actuelle.

1. Jaillot, *Recherches sur Paris*, quartier du Palais-Royal, p. 9.

sur des charpentes, devenait une simple ri-
gole découverte à travers le faubourg Montmartre, et se vidait aussi dans le lit du
ruisseau de Ménilmontant, devenu le *grand
égout de la ville*[1].

Cet état de choses resta sans changement
jusqu'en 1605, époque à laquelle le prévôt
François Miron fit, à ses frais, voûter l'égout
dit du *Ponceau*, depuis la *rue Saint-Denis*
jusqu'à la *rue Saint-Martin*[2].

Revenons au xv° siècle.

Quelques beaux monuments, dus en général à la piété des fidèles, plusieurs hôtels
vastes et élégants, surmontés de flèches har-
dies ou de hauts toits pointus, émergeaient
de distance en distance au milieu des maisons pauvres et délabrées. Dans les habitations privées, le rez-de-chaussée seul était
en pierre ; les autres étages, soutenus par des
poutres verticales et horizontales dont les
interstices étaient garnis de plâtre, s'élevaient
en encorbellement les uns sur les autres, et
aboutissaient à un pignon anguleux. Encore
était-ce là l'exception ; car la plupart des rues,

1. Voyez Parent-Duchatelet, *Essai sur les cloa-
ques ou égouts de la ville de Paris.*
2. Voyez la note 3, p. 91.

larges de six à huit pieds, étaient bordées de véritables chaumières, couvertes de paille, et n'ayant pour donner passage à la lumière que d'étroites et basses ouvertures.

II.

Ès le commencement du xvɪᵉ siècle, le Parlement prit en mains les
questions de voirie, et l'autorité
montra enfin un peu de résolution. Il
fut décidé, en 1506, que l'État se chargerait
du nettoyement des rues, et pourvoirait à
cette dépense au moyen d'une taxe levée sur
les habitants. Ce nouvel impôt fut fort mal
accueilli, et il fallut toute l'énergie du Parlement pour le maintenir [1]. Le rôle de cette
contribution était réglé chaque année. Les
commissaires de police rassemblaient dans

1. Voyez Delamarre, *Traité de la police*, t. IV,
p. 207.

leur quartier les bourgeois notables, et ceux-ci élisaient un certain nombre de délégués, qui répartissaient la taxe et surveillaient sa perception [1].

Le Parlement prouva moins de fermeté au sujet d'une autre innovation dont l'origine date de la reconstruction du pont Notre-Dame en 1512. L'architecte y avait élevé, sur un plan uniforme, soixante-huit maisons qu'il avait eu l'heureuse idée de numéroter. Mais l'attachement des Parisiens à leurs anciennes coutumes ne permit pas de généraliser cette mesure. Pendant plus de deux siècles encore, on continua à désigner chaque maison par un nom spécial, emprunté tantôt à sa destination, tantôt au titre, à la qualité ou aux fonctions de son propriétaire, tantôt à une enseigne, parfois même à des données bien autrement vagues.

L'éclairage, resté à peu près stationnaire depuis le xive siècle, reçut quelques améliorations. En temps d'alarmes, les Parisiens étaient tenus de placer, après neuf heures du soir, une chandelle allumée sur leurs fenêtres et, par crainte des incendies, au

1. Voyez Delamarre, *Traité de la Police,* t. IV, p. 208.

seuil de leur porte un seau d'eau; un arrêt
de 1524 [1] voulut rendre permanent ce qui
n'avait été jusque-là qu'accidentel. Mais
cette mesure était trop coûteuse pour ne pas
être éludée; deux ans après, le prévôt des marchands et les échevins sollicitaient déjà un
nouvel arrêt du Parlement, et celui-ci ordonnait, le 16 novembre 1526, que « en chacune maison par les ruës y eust des lanternes
et chandelles ardentes, pour éviter aux dan-
gers des mauvais garsons qui courent la nuict
par cette ville [2]. »

Avant de parler de l'entêtement avec lequel les Parisiens repoussèrent ces inno-
vations, l'ordre chronologique nous force à
reprendre la question du nettoyement des
rues. L'ordonnance de 1506, n'avait pas
obtenu plus de succès que les précédentes.
La peste de 1530 fut l'occasion d'une nouvelle ordonnance très-détaillée, très-curieuse,
et dont quelques articles peignent cette époque
mieux que ne le feraient les meilleures des-
criptions. Ce document, auquel on donna
une grande publicité fut promulgué par les

1. *Essai historique sur les lanternes*, p. 102.
2. Félibien, *Histoire de Paris*, pièces justificatives, t. IV, p. 676.

crieurs publics le 26 août 1531, puis im-
primée sous ce titre : *Les ordonnances
faictes et publiées à son de trompe par
les carrefours de ceste ville de Paris, pour
éviter le dangier de peste*[1]. Le premier article enjoint « à tous proprietaires et locatifs
des maisons estans en ladicte ville de Paris,
esquelles puis deux mois en ça ont esté mallades aulcunes personnes de peste, ou allez
de vie à trespas ; qu'ilz aient à mectre es
fenestres desdictes maisons ou aultre lieu
plus apparent une croix de boys ; et au
meilleu de la principalle porte, huys et entrée
dudict hostel une aultre croyx de boys clouée
et fichée contre lesdictes portes et huys. A ce
que chascun en puisse avoir congnoissance
et soy abstenir y entrer. » Le second article
ordonne « à toutes personnes qui ont esté
mallades, et aussi à tous ceux de la maison
et famille où auront esté et seront mallades,
qu'ilz aient à porter en leur main en allant
et venant par la ville une verge blanche ou
baton blanc. » Les articles suivants pro-
hibent, « sur peine de la hart », la vente de
tous objets ayant appartenu à des malades ;

1. Paris, in-folio gothique, chez Guillaume Bos-
sozel.

défendent de se rendre aux étuves; inter-
disent, d'une manière absolue, l'entrée de
Paris aux lépreux ; et menacent de punition
corporelle les pauvres qui oseraient pénétrer
dans les églises pendant le service, « aussi
ne se tiendront lesdictz maraulx et mendians
près et ioignant les portes, mais loing d'i-
celles et tellement que on puisse liberalle-
ment sans dangier, hors alaine et infection
de puanteur, entrer esdictes eglises. » L'ordonnance règle ensuite le pavage des rues,
l'enlèvement des boues et l'établissement
dans chaque maison de « fosses à retraict »,
prescriptions fort sages, mais qui restèrent
absolument sans effet. Nous en trouvons la
preuve irréfutable dans les considérants
d'une nouvelle ordonnance rendue en novembre 1539[1], et qui reproduit mot pour
mot le début de celle de 1388. Elle renferme
aussi les mêmes injonctions; mais, cette fois,
la sanction est plus sévère. A peine d'une
amende de cent sols parisis pour la première
contravention, de dix livres parisis pour la
seconde, et pour la troisième d'une punition
corporelle ou de la confiscation pendant trois

1. Dans Fontanon, *les Édicts et ordonnances des
rois de France*, t. I, p. 877.

ans du revenu de la propriété [1], toutes les
« maisons, cours, ruës et places » devaient
être « tenus nettement, et les immondices
et ordures vuidées et ostées soigneusement
et à grande diligence [2]. Il était ordonné aux
habitants de « jetter des eaux par chacun
jour devant leurs huis sur le pavé, à fin que
les ruisseaux et esgouts ne soient empeschez
à l'endroict de leurs maisons, et que les immondices ne puissent s'y arrester [3]. » On in-
terdisait sévèrement « de vuider ou jetter ès
rues et places, ordures, charrées, infections,
ny eaux quelles qu'elles soient et de retenir
longuement esdites maisons urines, eaux
croupies et corrompuës »; à l'égard de ces
dernières, il fallait au contraire « les porter
et vuider promptement au ruisseau, et
après jeter un seau d'eau nette, pour leur
donner cours [4]. » On enjoignait à tous les
possesseurs de « pourceaux, truyes cochons,
oisons, conils et pigeons » de s'en défaire
sur-le-champ [5]. Chaque propriétaire devait

1. Article 5.
2. Article 1er.
3. Article 3.
4. Article 4.
5. Article 29.

faire établir dans sa maison « une fosse à retraits [1]. » Les commissaires du Châtelet étaient responsables « sur peine de privation de leurs offices » de l'exécution de l'ordonnance chacun dans son quartier [2] ; et une somme de dix livres était accordée à toute personne qui dénoncerait une contravention [3].

Une déclaration ampliative [4] réglait les détails omis dans cette ordonnance. Les conducteurs des tombereaux parcouraient les rues de sept heures du matin à midi et de deux à six heures du soir en hiver, et pendant l'été de six heures à midi et de trois à sept heures [5]. Avant leur arrivée, chaque habitant devait avoir balayé devant sa porte et réuni en tas les immondices [6]. L'article 8 mérite d'être reproduit en entier : « Pource que plusieurs proprietaires, conducteurs et locatifs jettent des eaux par leurs fenestres, èsquelles y a jardins, pots d'œillets, roma-

1. Article 21.
2. Article 6.
3. Article 7.
4. Fontanon, *les Édicts et ordonnances des rois de France*, t. I, p. 879.
5. Article 1er.
6. Article 2.

rins, marjolaines et autres choses, dont pourroit advenir inconvenient, et aussi qu'on
ne peut bonnement voir d'où lesdites eaux
sont jettées : défendons à toutes personnes,
de quelque estat, qualité ou condition qu'ils
soient, de mettre aux fenestres aucuns pots
ne jardinets, sur peine de cent sols parisis
d'amende. » On voit que l'amour des Parisiens pour les fleurs et les jardins suspendus date de loin.

On se préoccupa, à la même époque, de la
régularité des rues, et l'on commença à exi-
ger des propriétaires qu'ils respectassent l'ali-
gnement. Une ordonnance très-curieuse fut
rendue en ce sens par Henri II, le 14 mai
1554[1]. « Nous sommes bien et deuëment
adverti, y est-il dit, et l'avons veu et ap-
perceu à l'œil », que l'on empiète sans cesse
sur la voie publique, « et entre autres lieux
en la *rue de la Ferronnerie* joignant le ci-
metiere des Innocents, qui est nostre passage pour aller de nostre chasteau du Louvre
en nostre maison des Tournelles. » Le roi
termine par un ordre de démolition immé-

1. Fontanon, *les Édicts et ordonnances des rois
de France*, t. I, p. 843.

diate. Cet ordre ne fut pas exécuté, et le 14 mai 1610, cinquante-six ans jour pour jour après la date de cette ordonnance, Henri IV, sortant du Louvre pour aller à l'Arsenal, fut assassiné dans la *rue de la Ferronnerie*; « son carrosse, dit Lestoile, avoit esté contraint de s'arrester, à cause que la ruë est fort étroite, par les boutiques qui sont bâties contre la muraille du Cimetière de S. Innocent[1]. »

On avait cependant cherché encore, mais toujours avec aussi peu de succès, à faciliter la circulation dans les rues, en supprimant les innombrables objets, tels que « selles, pilles, taudis, escoffrets, bancs, chevalets, escabelles, tronches et autres avances qui empêchent et incommodent grandement les ruës et passages[2]. » En Janvier 1560, une plainte émanant des États assemblés à Orléans, fit interdire de construire sur la voie publique autrement qu'en « pierres de taille, briques ou maçonneries de moillon et pierre.» Le même article ordonnait que tous les propriétaires eussent à « abbattre et retrancher

1. *Journal de Henri IV*, 14 mai 1610.
2. Règlement rendu par le Parlement le 16 juin 1554, dans Isambert, etc., *Recueil général des anciennes lois françaises*, t. XIII, p. 387.

les saillies des maisons aboutissant sur ruë [1] », mais la quantité de propriétés qu'il eut fallu démolir était telle que l'autorité elle-même recula.

La question de l'éclairage en était toujours au même point. Pour vaincre la mauvaise volonté des Parisiens à cet égard, on eut l'idée d'organiser ce service d'après les principes récemment appliqués au nettoyement des rues. Une taxe spéciale fut décrétée, et l'État se chargea d'éclairer la ville. Par arrêt du 29 octobre 1558, le Parlement dispensa les habitants de mettre des chandelles sur leurs fenêtres, et ordonna que, de dix heures du soir à quatre heures du matin, un falot allumé serait placé au coin de chaque rue, et d'autres de distance en distance dans les rues très-longues [2]. Ces falots se composaient d'un

1. P. Néron, *Recueil d'édits et d'ordonnances royaux*, t. I, p. 408.

2. « Plus ordonne ladicte chambre que au lieu des lanternes que l'on a ordonné ausdicts habitans mettre aux fenestres, tant en cestedicte ville que fauxbourgs, y aura au coing de chacune rue ou autre lieu plus commode un falot ardent, depuis les dix heures du soir jusques à quatre heures du matin. Et où lesdictes rues seront si longues que ledict falot ne puisse éclairer d'un bout à l'autre, en sera mis ung au milieu desdictes rues ou plus, selon la grandeur

large vaisseau contenant du goudron et de la
résine ; on s'en servait déjà pour éclairer les
cours et les abords des palais et des riches hôtels. Deux mois après un nouvel arrêt décida
que les falots seraient remplacés par des « lanternes ardentes et allumantes[1]. » Mais ce projet
ne fut pas plus exécuté que le premier. La résistance des bourgeois, la faiblesse de l'administration firent avorter l'entreprise ; et, le
21 février 1559, le Parlement ordonnait de
vendre aux enchères, afin de payer les sommes
dues aux fabricants, les lanternes qui avaient
été établies « pour la tuition et conservation
du bien et tranquillité de Paris, et pour obvier
aux meurtres, larcins et autres inconvéniens
qui advenoient en ladicte ville de nuit. »
L'arrêt constate que la mesure a échoué « tant
pour la nécessité du temps que pauvreté des
manans et habitans[2]. »

d'icelles : le tout à telle distance qu'il sera requis, et
par l'advis des commissaires, quartenier, dixinier et
cinquantenier de chacun quartier, appellez avec eulx
deux bourgeois notables de chacune rue, pour ad-
viser aux frais desdicts fallots. » Félibien, *Histoire
de Paris*, pièces justificatives, t. IV, p. 785.

1. Arrêt du 14 novembre 1558, dans Félibien,
Histoire de Paris, t. IV, p. 786.

2. Félibien, *Histoire de Paris*, pièces justificatives, t. IV, p. 786.

Pour des raisons analogues, le pavage continuait à être fort négligé. Un arrêt du Parlement, qui d'ailleurs resta lettre morte, avait ordonné, en 1544, de paver la *rue de Seine*[1]. L'année suivante, les habitants de la *rue de la Tabletterie* offrirent de faire exécuter ce travail dans toute la rue, si la ville voulait leur fournir le pavé[2]. Le prévôt refusa. En 1551, aucune des rues du faubourg Saint-Germain n'étaient pavées. A la fin du XVIᵉ siècle, on revêtit plusieurs rues de la Cité d'un véritable macadamisage, qui fut longtemps désigné sous le nom de *Pavé de la Ligue*[3].

1. Lebeuf, *Histoire du diocèse de Paris*, t. I, p. 454.
2. Sauval, *Recherches sur Paris*, t. I, p. 163.
3. *Idem*, t. I, p. 185.

III.

Paris, dont la population s'élevait sous Henri IV à 300,000 habitants environ, avait alors perdu son caractère gothique. Les fenêtres à chassis étaient presque partout substituées aux meneaux de pierre, et les carreaux de verre aux lourds vitraux garnis de plomb. La pierre unie à la brique avait remplacé les murailles de torchis, et de luxueux hôtels s'élevaient de toutes parts au milieu de rues restées étroites, fangeuses et fétides. La capitale, sous ce rapport, ne s'était guère amendée, malgré les avertissements réitérés qu'elle avait reçus. La peste y avait enlevé cinquante mille personnes en 1410, quarante mille en 1450, quarante mille en 1465, et y était restée en permanence jusqu'au milieu de 1467; des épidémies avaient encore ravagé Paris en 1411, en 1414, en 1418, en 1438 et en 1445; en 1510, mille personnes mouraient par jour. Montaigne nous a conservé un tableau effroyable de la fièvre de 1586, et celle de 1596 épouvanta tellement Henri IV qu'il se sauva à Rouen. Dès 1577, il avait publié une ordonnance générale de police, où se trouvent des « articles pour purger, tenir nettes et bien pavées la ville et ruës d'icelle[1]; » nous ne les analyserons pas, car ils ne contiennent aucune disposition nouvelle, et furent moins observés encore que les précédents. Les bourgeois chargés du recouvrement de la taxe pour le nettoyage des rues, se plaignaient de ne pouvoir l'obtenir du clergé, des princes, des magistrats mêmes; et cette résistance trouvait plus bas de nombreux imitateurs[2]. Par ordonnance de septembre 1608[3], Henri IV déchargea les bour-

---

1. *Ordonnance du Roy sur le faict de la police générale de son Royaume*, etc. Paris, 1577, in-12.
2. Delamarre, *Traité de la police*, t. IV, p. 214.
3. Isambert, *Recueil général des anciennes lois françaises*, t. XV, p. 343.

geois du soin de percevoir la taxe, et transmit ce droit à deux entrepreneurs, « Rémond Vedel, dit Lafleur, capitaine général du charroy de l'artillerie de France, et Pierre de Sorbet, » qui s'engagèrent à nettoyer et à paver toutes les rues. Mais Lafleur abusa bientôt de son privilége : « Le capitaine nommé la Fleur, qui avoit inventé le netoyement des bouës de la ville, s'avisa d'augmenter la taxe qui avait esté faite dès le commencement, et qui estoit très petite [1] pour chaque maison, et de la faire lever de force. Ce qui ayant causé une émeute dans Paris, et le Roy en estant averti, chargea le lieutenant civil d'examiner cette affaire et de prendre l'argent de la recepte, ce qu'il a fait, et a rendu à chaque bourgeois ce que ledit la Fleur avoit exigé au delà des vieux rôles [2]. » Le sieur Dutheil fut substitué aux premiers entrepreneurs. Il ne réussit pas mieux qu'eux. Enfin, le 31 décembre 1609, un arrêt du Conseil décida que les droits d'entrée sur chaque muids de vin seraient augmentés de quinze sols, et qu'en retour,

1. La taxe était d'un écu par an ; La Fleur en réclamait trois.
2. Lestoile, *Journal de Henri IV*, août 1609.

le roi prendrait à sa charge le nettoyement
de la voie publique. Une première com-
pagnie soumissionna l'entreprise pour six
années, moyennant 70,000 livres par an,
et alla jusqu'à la fin de son bail. Deux
autres compagnies, représentées par les sieurs
Le Duchat et Charpentier, furent moins heu-
reuses. Un arrêt du 30 mars 1621 concéda
alors, pour dix ans, le monopole du nettoyement des rues au célèbre Salomon de Caux,
ingénieur du roi. Moyennant soixante mille
livres tournois et vingt mille livres « de
récompense, » il s'engagea en outre à prendre dans la Seine quarante pouces d'eau et
à les conduire dans plusieurs fontaines publiques dont l'emplacement fut désigné [1].
En 1632, la régie du pavage et du nettoyement des rues fut accordée pour dix années,
au prix de cent vingt mille livres par an, aux
sieurs Étienne Picard, Zacharie Formé, Martin Hacquenier et autres [2] ; mais, les nouveaux entrepreneurs se plaignaient vivement

1. Cet arrêt a été publié dans Cimber et Danjou,
Archives curieuses de l'histoire de France, 2ᵉ série,
t. II, p. 439.

2. Delamarre, *Traité de la Police*, t. IV, p. 216.
Félibien, *Histoire de Paris*, t. IV, p. 119.

de ne pas être payés, de ne pas avoir la libre disposition des lieux de décharges, etc. [1] ; et, en 1637, ils obtinrent l'annulation de leur engagement. On rétablit aussitôt [2] l'ancienne organisation fondée sur le concours direct de la bourgeoisie et sur les cotisations personnelles ; seulement, les contraintes, au lieu d'être décernées par le receveur de la taxe, le furent directement par le Conseil du roi, et une ordonnance spéciale [3] y déclara assujettis tous les habitants « de quelque qualité et condition qu'ils soient, ecclésiastiques, nobles ou roturiers, princes, seigneurs, officiers, domestiques et commensaux de la maison du Roy, des Reynes et des Princes du sang, mêmes ceux qui demeurent dans les galleries du Louvre et des Tuilleries. »

1. Voyez à la Bibliothèque nationale, *manuscrits*, fonds français, n° 18780, une requête sans date adressée par eux « au roy et à nosseigneurs de son Conseil. »

2. Ordonnance du 12 mai 1637, dans Isambert, *Recueil général des anciennes lois françaises*, t. XVI, p. 478. Le procès-verbal de recensement qui fut alors dressé, forme dix-neuf volumes in-folio, qui sont conservés à la Bibliothèque nationale : *manuscrits*, fonds français, n° 18786 à 18804.

3. Du 22 septembre 1638. Elle se trouve dans Delamarre, *Traité de la police*, t. IV, p. 219.

Vingt ans après, un médecin, nommé Cour-
tois, qui habitait la *rue des Marmousets* et
qui possédait de gros chenets à pommes de
cuivre, racontait qu'il les faisait nettoyer
chaque jour, et que tous les matins il les
retrouvait chargés de vert de gris [1].

Une ordonnance du 30 avril 1663, qui fut
confirmée en 1666, étendit et régularisa le
service du nettoyement.

> Notre illustre chef de police,
> Faisant des mieux son exercice,
> De tout point nettoye Paris,

dit Loret dans sa *Gazette* du 12 juin 1667.
Le 30 juillet suivant, il raconte, au sujet du
grand Corneille, une anecdote qui doit être
vraie, mais que nous ne citerons pas en
entier ; disons seulement d'avance que Corneille comparut devant le commissaire et fut
acquitté :

> La Police est toûjours exacte au dernier point,
> Elle ne se relâche point,
> Iugez-en, s'il vous plaît, par ce que je vay dire.
> Vous pourez bien vous en soûrire,
> Mais vous en conclurez, et selon mon souhait,

1. *Encyclopédie méthodique*, Jurisprudence, t. X,
p. 670.

Qu'il ne faut pas, vrayement, que nôtre Bourgeoisie
    Nonchalamment oublie
De tenir son devant, soir et matin, fort net.

Vous conessez assez l'aîné des deux Corneilles,
Qui, pour vos chers plaisirs, produit tant de merveilles?
Hé-bien ! cet homme-là, malgré son Apollon,
Fut n'aguére cité devant cette police,
    Ainsi qu'un petit violon,
Et réduit en un mot à se trouver en lice
    Pour quelques pailles seulement
    Qu'un trop vigilant commissaire
    Rencontra fortuitement
    Tout devant sa porte cochére.

Ce zèle datait de la nomination de Nicolas de la Reynie comme lieutenant général de police. Mais jusqu'à cette époque, jusqu'aux intelligentes améliorations réalisées par lui, Paris n'était encore qu'un cloaque infect et malsain, où en 1631 et 1650 le typhus et la peste avaient fait d'affreux ravages. La boue de Paris, dont Montaigne déplorait « l'âpre senteur [1], » n'avait rien perdu de son antique célébrité ; « l'odeur de la boue est à faire croire qu'on y aurait mêlé du souffre, » dit Évelyn dans le *Journal* de son voyage [2]. Claude le Petit dans son *Paris*

1. Montaigne, *Essais*, liv. I, ch. LV.
2. 24 décembre 1643.

ridicule[1] et Boileau dans sa sixième *Satire*[2]
venaient de lui consacrer des vers indignés,
mais pleins de vérité. « On ne pouvoit, dit
le continuateur de Delamarre, marcher dans
les rues qu'en bottes ; les gens de robe étoient
même obligés d'aller au palais en cet équi-
page[3]. » Encore cette précaution était-elle
bien insuffisante, car un voyageur hollan-
dais qui vint visiter Paris en 1657, raconte
qu'étant arrivé à la porte Dauphine, « il y
eut quelqu'un d'une maison voisine qui s'estant levé pour verser son pot de chambre,
le lui jetta à demi sur la teste[4]. » Suivant
Gui Patin, Louis XIV voulait imiter à Paris
ce qu'Auguste avait fait à Rome : *Lateritiam
reperi, marmoream relinquo*[5] ; un souvenir
de son enfance pouvait bien lui avoir inspiré
cette pensée. Pendant la Fronde, quand le
prévôt des marchands alla supplier la reine
de revenir à Paris, celle-ci avait répondu
« qu'elle avoit esté conseillée de faire prendre

1. Composé vers 1664.
2. Composée en 1665.
3. *Traité de la police*, t. IV, p. 222.
4. A.-P. Faugère, *Journal d'un voyage à Paris
en 1657 et 1658*, p. 283.
5. *Lettre* du 19 octobre 1666, à Falconet; t. III,
p. 619.

l'air au roy monsieur son fils, pour le tirer
de la puanteur du Pallais-Royal, où il y a
tantost un an que la cour estoit résidante,
y ayant esté malade d'une pareille maladie
dont M. d'Anjou n'estoit pas encore parfaic-
tement guéri [1]. »

Gui Patin écrivait, le 30 octobre 1666, à
son ami Falconet : « On travaille diligem-
ment à nettoyer les rues de Paris, qui ne
furent jamais si belles » [2]. Le fait était vrai,
et tout l'honneur en revenait à La Reynie.
Il forçait les propriétaires à paver devant leurs
maisons, faisait creuser des égouts, établir
des fontaines, construire de nouveaux quais;
il abattait les échoppes qui encombraient la
voie publique et chassait « les revendeuses, re-
celeuses, ravaudeuses et savetiers » [3] qui gê-
naient la circulation; il supprimait les au-
vents des boutiques [4], réduisait la ridicule
dimension des enseignes et en fixait la forme
et la grandeur [5]; il dressait enfin pour Paris,

1. *Registres de l'hôtel de ville de Paris pendant la
Fronde*, 24 septembre 1648.

2. *Lettre* du 30 octobre 1666; t. III, p. 624.

3. Gui Patin, lettre du 19 octobre 1666; t. III, p. 619.

4. Gui Patin, lettre du 2 novembre 1666; t. III,
p. 265.

5. On en trouve le dessin dans le *Traité de la
police*, de Delamarre, t. IV, p. 337.

alors ville de cinq cent mille âmes [1], un plan définitif destiné à servir de base aux améliorations topographiques.

La question de l'éclairage avait également éveillé sa sollicitude. La tentative faite en 1558 fut renouvelée, et cette fois avec quelque succès; cependant les chandelles employées étaient de trop mauvaise qualité et les lanternes trop peu nombreuses pour éclairer réellement les rues et effrayer les malfaiteurs, et Boileau pouvait écrire en 1655, sans soulever aucune réclamation :

..... Si-tôt que du soir les ombres pacifiques
D'un double cadenas font fermer les boutiques,
Que retiré chez lui, le paisible marchand
Va revoir ses billets et compter son argent,
Que dans le Marché-Neuf tout est calme et tranquille,
Les voleurs à l'instant s'emparent de la ville.
Le bois le plus funeste et le moins fréquenté
Est, au prix de Paris, un lieu de sûreté [2].

Aussi ne faut-il pas s'étonner de la faveur avec laquelle fut accueilli, en 1662, un projet formé par l'abbé Laudati Caraffa. Des lettres patentes du mois de mars, enregistrées

1. P. Clément, *la Police sous Louis XIV*, p. 63 et 147.
2. Satire vi.

le 19 août [1], lui accordèrent pour vingt ans
le privilége d'entretenir à Paris des porte-
lanternes et des porte-flambeaux. Les indivi-
dus attachés à ce service devaient être distribués sur les points les plus fréquentés, les
places publiques, les carrefours. Les flambeaux « acheptez chez les espiciers de la ville
et marquez des armes de la ville, » étaient
d'une livre et demie, et divisés en dix portions; les personnes qui se faisaient accom-
pagner payaient cinq sols par chaque portion
consumée pendant le trajet. Les lanternes
étaient garnies d'huile, non de chandelles, et
le tarif fixé à trois sols par quart d'heure; et
comme l'usage des montres n'était pas encore
général, les porte-lanternes devaient avoir à
leur ceinture « un sable d'un quart d'heure
marqué aux armes de la ville. »

Cette entreprise était en pleine activité
quand La Reynie arriva aux affaires. Elle ne
lui parut pas suffire aux besoins de la capitale, et, par ses soins, 6,500 lanternes furent
distribuées dans tous les quartiers et jusque
dans les faubourgs. Cette innovation fut
aussitôt si goûtée, que Louis XIV, pour en

1. Elles sont reproduites dans Félibien, *Histoire
de Paris*, t. V, p. 191.

consacrer le souvenir, fit frapper en 1668 une médaille avec la légende : *Securitas et nitor*[1]. Nous ne nous accommoderions cependant guère aujourd'hui d'un pareil mode d'éclairage : chaque lanterne, haute de 18 pouces et large de 8, avait la forme d'un sphéroïde allongé, et était composée de petits morceaux de verre réunis par des bandes de plomb ; ces fanaux pourvus d'une maigre chandelle, n'étaient point suspendus en l'air, on les posait sur les fenêtres des maisons [2]. On ne les alluma d'abord que du 1er novembre à la fin de février, mais un arrêt du 23 mai 1671 [3] décida que la durée de l'éclairage se prolongerait du 1er novembre à la fin de mars. Le service d'ailleurs était encore fait par les bourgeois, et la dépense couverte à l'aide de cotisations personnelles. Quelques améliorations eurent lieu durant les années qui suivirent, et, en 1698, Martin Lister écrivait dans le *Journal* de son voyage : « Les rues sont éclairées tout l'hiver, aussi bien quand il fait clair de lune que pendant le reste du

1. Ed. Fournier, *les Lanternes de Paris*, p. 25.
2. E. Labat, *Dictionnaire de police*, introduction, p. LXIV.
3. Dans Félibien, *Histoire de Paris*, pièces justificatives, t. V, p. 213.

mois ; et je le remarque, surtout à cause du
sot usage où l'on est à Londres d'éteindre les
réverbères durant la moitié du mois... Les
lanternes sont suspendues ici au beau milieu
des rues, à vingt pieds en l'air et à une ving-
taine de pas de distance. Elles sont garnies
de verres d'environ vingt pouces en carré, re-
couvertes d'une large plaque de tôle; et la
corde qui les soutient passe par un tube de
fer fermant à clef et noyé dans le mur de la
maison la plus voisine. Dans ces lanternes
sont des chandelles de quatre à la livre, qui
durent jusqu'après minuit. Ceux qui les bri-
seraient seraient passibles des galères : trois
jeunes gens de bonne maison qui par plai-
santerie s'étoient amusés à en casser récemment furent mis en prison, et ne furent
relâchés, au bout de plusieurs mois, que
grâce à la sollicitation de bons amis qu'ils
avoient à la cour[1]. »

1. *Voyage de Lister à Paris en 1698*, p. 36.

IV.

UIVANT Leclerc du Brillet, continuateur de Delamarre, les ordonnances de 1666 et 1667 sur la voirie excitèrent partout une telle admiration que les puissances étrangères en demandèrent communication au gouvernement[1] . Cet enthousiasme n'était cependant point, même en France, partagé par tout le monde, car le 29 octobre 1702, le comte de Pontchartrain écrivait à d'Argenson : « Je ne puis m'empêcher de vous dire que les rues de Paris m'ont paru bien salles. Je vous prie de ne point souffrir de négligence à cet égard; en vérité le peuple qui paye de grosses con-

1. *Traité de la police*, t. IV, p. 233.

tributions pour le nettoyement des boues, a
tout lieu de se plaindre du peu d'exactitude
de ceux à qui ce soin est commis [1]. » L'augmentation de taxe à laquelle le ministre fait ici
allusion, datait d'un édit de décembre 1701 [2],
qui fut confirmé par une déclaration du 12 décembre 1702 [3] : la taxe des boues et lanternes
était portée à 300,000 livres, mais le roi
dispensait les bourgeois de la perception,
créait deux offices de receveurs généraux,
et nommait pour chaque quartier un receveur particulier. C'était un acheminement
vers une mesure qui fut prise en janvier
1704 [4]; les habitants se virent autorisés à
racheter la taxe par une imposition spéciale,
moins onéreuse; et l'emploi de ces fonds fut
alors réglé par quatre trésoriers généraux des
deniers de police. Un grand nombre d'ordonnances, d'arrêts et de règlements succédèrent
à ceux-ci [5], sans amener dans le service du

1. Depping, *Correspondance administrative sous
Louis XIV*, t. II, p. 545.
2. *Traité de la police*, t. IV, p. 237.
3. Isambert, *Recueil des anciennes lois françaises*,
t. XX, p. 423.
4. Delamarre, *Traité de la police*, t. IV, p. 239.
5. Voyez entre autres : Déclaration du 14 août
1714, dans Peuchet, *Collection des lois, ordonnances et règlements de police*, t. II, p. 326. — Édit de mai

nettoyement et du pavage aucune modification essentielle; il fut tour à tour adjugé à
des entrepreneurs généraux, à des compagnies et à des entrepreneurs particuliers pour
chaque quartier. Parmi les premiers, il est
juste de citer Joseph Outrequin, soumissionnaire en 1748 [1], et qui s'efforça de faire adopter plusieurs projets, dont la réalisation n'eut
lieu que longtemps après. Il voulait planter
d'arbres les larges voies et les boulevards,
élargir et voûter tous les égouts, abattre les
maisons construites sur les ponts, etc., etc.
La situation des finances força le gouvernement à ajourner ces sages mesures, car le
service de la voirie coûtait déjà à l'État
450,000 livres en 1722 [2]. Il est vrai que les
dépenses du pavage entraient pour une très-
large part dans cette somme, quoique les propriétaires fussent tenu de mettre à leurs frais

et Déclaration d'octobre 1729, Bail du 27 novembre
1730, dans Delamarre, *Traité de la police*, t. IV,
p. 244, 248 et 250. — Ordonnances du 3 février 1734
et du 25 avril 1744, dans Peuchet, t. IV, p. 115, et
t. V, p. 260. — Ordonnances du 27 juin 1760, du
27 juillet 1777 et du 8 novembre 1780, dans Isambert, t. XXII, p. 300, t. XXV, p. 69, et t. XXVI,
p. 389.

1. Par arrêt du 14 mai. Dans Peuchet, t. V, p. 396.
2. Arrêt du 7 avril, dans Delamarre, t. IV, p. 243.

le premier pavé. Celui-ci était formé de blocs
de grès, ayant 7 à 8 pouces carrés, et on le
tirait déjà de Fontainebleau, d'où il arrivait
par eau [1]; en 1760, le prix de chaque toise
superficielle de pavé neuf fut fixé à 17 livres
18 sols [2]. Les contraventions en matière de
voirie étaient assez sévèrement réprimées, et
en 1780 un prix de 600 livres fut proposé
pour l'auteur du meilleur mémoire relatif à
l'assainissement des rues [3]. Il y avait, en
effet, beaucoup à faire encore à cet égard.
Mercier écrivait alors : « Un large ruisseau
coupe quelquefois une rue en deux, et de
manière à interrompre la communication
entre les deux côtés des maisons. A la moindre
averse, il faut dresser des ponts tremblans...
Des tas de boue, un pavé glissant, des essieux
gras, que d'écueils à éviter [4] ! » Ailleurs, il
nous montre le *boueur* à sa besogne : « Le
tombereau voiture une boue liquide et noi-

1. Sauval, *Recherches sur Paris*, t. I, p. 185.

2. Ordonnance du bureau des finances. Dans Isambert, t. XXII, p. 300.

3. Sur les améliorations alors réalisées, voy. *Détail de quelques établissements de la ville de Paris,
demandé par Sa Majesté impériale la reine de Hon-
grie, à M. Le Noir, lieutenant général de police,*
1780, in-8°.

4. *Tableau de Paris*, ch. XL.

râtre, dont les ondulations font peur à la vue ; elle s'échappe, et le tombereau entrouvert distribue en détail ce qu'il a reçu en gros. La pelle, le balai, l'homme, la voiture, les chevaux, tout est de la même couleur, et l'on diroit qu'ils aspirent à imprimer la même teinte sur tous ceux qui passent. Le danger est surtout du côté où le boueur n'est pas ; vous longez avec confiance une roue immobile, une pelletée d'ordures vous descend sur la tête [1]. » Tous les écrivains nous représentent cette boue comme noire, puante, et brûlant les étoffes sur lesquelles on la laisse séjourner ; on citait toujours le vieux proverbe : « Il tient comme boue de Paris. »

En 1817 le balayage des rues était encore fait exclusivement par les habitants ; quant au service de l'enlèvement des boues, il employait en hiver 220 hommes, 330 chevaux et 110 tombereaux ; en été, 140 hommes, 210 chevaux et 70 tombereaux [2].

En 1786 il n'existait encore qu'un nombre très-restreint d'égouts ; ceux-ci se déchargeaient dans le grand égout dont nous avons

1. *Tableau de Paris*, ch. CCCCL.
2. *Recherches statistiques sur la ville de Paris, recueil de tableaux*, etc.

parlé, long de 3,106 toises, et qui embrassait toute la partie nord de Paris, depuis la rue des Filles-du-Calvaire jusqu'à Chaillot. La Ville avait vendu cet emplacement pour y bâtir, à charge par les acquéreurs de faire construire la voûte qui devait le couvrir, et cette voûte était alors terminée[1]. En 1825, 13,000 toises d'égouts, presque tous couverts, allaient aboutir à la Seine[2]. En 1848, le développement des égouts était évalué à 120 kilomètres.

Toutes les mesures d'hygiène adoptées depuis cinquante ans n'empêchèrent pas la terrible invasion du choléra en 1832. Comme corollaire de ce que nous avons dit sur les épidémies qui autrefois ravageaient périodiquement Paris, rappelons qu'à l'hôpital principal, à l'Hôtel-Dieu, les malades n'eurent longtemps pour lit que de la paille salie et foulée qui provenait du palais royal[3]. Au début du XVI° siècle, on entassait encore indistinctement, sans aucun égard à la nature de leurs maladies, quinze ou vingt malheu-

1. Thiéry, *Almanach du voyageur à Paris pour 1786*, p. 226.

2. Marchand, *Conducteur de l'étranger dans Paris pour 1825*, p. 282.

3. Félibien, *Histoire de Paris*, t. III, p. 249.

reux dans un même lit [1]. A certaines époques,
on plaça des malades sur les ciels de lits, auxquels on parvenait au moyen d'une échelle [2];
la portion d'air que respirait alors chaque
malade était de 3 ou 4 mètres, et il leur en
aurait fallu au moins 12 pour ne pas trouver
un danger de plus dans l'atmosphère qui les
environnait [3]. Un rapport officiel, rédigé
en 1786 et imprimé par ordre du roi, constate que cinq ou six malades étaient encore
réunis dans le même lit; les commissaires dé-
clarent qu'ils y ont vu les vivants mêlés avec
les morts; la gale y était générale et en permanence; les linges enlevés à un cadavre
servaient aussitôt aux survivants : les opéra-
tions les plus douloureuses se faisaient au
milieu des salles [4]. En 1787, l'Hôtel-Dieu
renfermait 1,219 lits : 733 grands et 486 petits; les grands, larges de 4 pieds 4 pouces,
recevaient de quatre à six malades ; on n'en
mettait ordinairement qu'un dans les petits,

1. *Rapport fait au Parlement, par Jean Briçonnet,*
en 1525.

2. *Compte-rendu de 1661.*

3. *Rapport fait en 1816 au Conseil général des*
hospices.

4. Rondonneau de la Motte, *Essai historique sur*
l'Hôtel-Dieu de Paris, p. 239 et s.

larges de 3 pieds[1]. L'Hôtel-Dieu ne fut définitivement réorganisé qu'en 1793; les malades furent alors distribués, d'après le genre de leurs maladies, dans des salles ou des hôpitaux différents, on espaça convenablement les lits, et chacun d'eux ne reçut plus qu'un seul malade.

1. Rondonneau de la Motte, *Essai historique sur l'Hôtel-Dieu de Paris*, p. 89.

V.

Les modifications apportées, pendant cette période, dans le service de l'éclairage, sont plus importantes et d'une constatation plus facile que celles qui intéressent l'hygiène.

Jusqu'en 1769, on ne vit dans Paris que les anciennes lanternes garnies d'une chandelle; seulement, comme nous l'avons dit, au lieu de les poser sur les fenêtres, on les suspendit en l'air. Tous les ans, les bourgeois notables de chaque quartier s'assemblaient chez le commissaire de police, pour élire celui d'entre eux qui serait préposé à la surveillance de l'éclairage. Les élus recevaient aussitôt les clefs des boîtes dans lesquelles s'attachaient les cordons de suspension, et c'est chez eux qu'étaient déposées les provisions de chandelles[1]. Un commis, qu'ils désignaient, devait chaque soir allumer les lanternes, tandis qu'un autre les descendait, les maintenait pendant l'allumage et les remontait à la hauteur désignée. Le rôle de ces fonctionnaires est indiqué dans ce couplet du temps :

> Abbaissez la lanterne,
> Monsieur le lanternier ;
> Celui qui la gouverne,
> Il a grand mal au pied,
> Et celui qui l'allume,
> Il a gagné un rhume
> A force de crier :
> Abbaissez la lanterne,
> Monsieur le lanternier[2].

Mais rien ne rend exigeant comme le progrès. En même temps qu'on chansonnait les lanterniers, on se plaignait déjà de l'insuffisance de l'éclairage. Le marquis de Seignelay écrivait à la Reynie le 16 janvier 1688 : « On a dit à Sa Majesté que les lanternes de Paris sont à présent bien mal réglées, qu'il y en a

1. Hurtaut et Magny, *Dictionnaire historique de la ville de Paris*, t. I, p. 656.
2. *Essai historique et critique sur les lanternes*, p. 134.

beaucoup dont les chandelles ne bruslent pas, à cause de leur mauvaise qualité et du peu de soin qu'on en prend ; sur quoy elle m'ordonne de vous escrire d'y donner l'ordre que vous jugerez nécessaire [1]. » Le 29 octobre 1702, dans une lettre que nous avons citée plus haut, le comte de Pontchartrain adressait des reproches de la même nature à d'Argenson : « Pendant que j'étois à Paris, on m'a fait des plaintes qu'on avoit augmenté la contribution des lanternes, et qu'on en avoit estably une nouvelle pour les boëttes qui servent à les descendre. Je vous prie de me mander si cela a quelque fondement, et d'où peut provenir cette augmentation ; car il me semble qu'il n'y a pas un plus grand nombre de lanternes que par le passé, et que la chandelle n'a pas augmenté de prix [2]. » La police ne restait cependant point inactive, et nous trouvons dans une sentence rendue par le Châtelet le 21 janvier 1735, une preuve de la surveillance qu'elle exerçait : Un sieur La Ville fut condamné à cinquante livres

1. Depping, *Correspondance administrative sous Louis XIV*, t. II, p. 578.
2. Depping, *Correspondance administrative sous Louis XIV*, t. II, p. 545.

d'amende pour avoir « éclairé les lanternes publiques avec des chandelles de huit à la livre au lieu de quatre à la livre »[1].

La science vint en aide à la police. Vers 1745, l'abbé Matherot de Preigney et Bourgeois de Chateaublanc inventèrent les lanternes dites à réverbères, qui substituaient l'huile aux chandelles, et dont la lumière était multipliée au moyen d'un réflecteur. Cette découverte fut d'abord accueillie avec transports, le privilége de l'éclairage public fut accordé aux inventeurs, et Valois d'Orville célébra les nouvelles lanternes dans un poëme qui eut un très-grand succès; on y lisait :

Le règne de la Nuit désormais va finir.
Des mortels renommés par leur sage industrie,
    De leur climat sont prêts à le bannir.
      Vois les effets de leur génie !
Pour placer la lumière en un corps transparent,
Avec un verre épais une Lampe est formée;
Dans son centre une mêche avec art enfermée
    Frappe un réverbère éclatant,
    Qui d'abord la réfléchissant,
Porte contre la nuit sa splendeur enflammée.
    Globes brillants, Astres nouveaux,
Que tout Paris admire au milieu des ténèbres,

---

1. Dans Peuchet, *Collection des lois, ordonnances et règlements de police*, t. IV, p. 157.

Dissipez leurs horreurs funèbres
Par la clarté de vos Flambeaux [1].

Mais cet enthousiasme dura peu. Pour des raisons que nous n'avons pu découvrir, ces réverbères « admirés par le peuple, adoptés par les grands, approuvés par l'Académie, autorisés par le Sénat de la France, comblés de tant d'honneurs, ont été obligés de céder, et d'aller cacher leur défaite dans un magasin [2]. » On revint donc à l'éclairage par les chandelles, et nous avons trouvé une sentence du Châtelet qui condamne (19 décembre 1760) à cinq livres d'amende un nommé Etienne Bailly, pour avoir allumé à cinq heures trois quarts au lieu de cinq heures et demie les seize lanternes de la rue Montmartre [3]. L'éclairage public se composait alors de 5,694 lanternes, qui étaient ainsi distribuées dans les différents quartiers :

Noms des quartiers.	Nombre des lanternes.
I. La Cité.	413
II. Saint-Jacques de la Boucherie........	183
III. Sainte-Opportune...................	153

1. *Essai historique et critique sur les lanternes,* p. 111.
2. *Idem,* p. 109.
3. Dans Peuchet, *Collection des lois, ordonnances et règlements de police,* t. VI, p. 479.

Noms des quartiers.	Nombre des lanternes.
IV. Louvre	195
V. Palais-Royal	284
VI. Montmartre	300
VII. Saint-Eustache	247
VIII. Halles	142
IX. Saint-Denis	306
X. Saint-Martin	415
XI. La Grève	200
XII. Saint-Paul	175
XIII. Sainte-Avoye	173
XIV. Temple	460
XV. Saint-Antoine	334
XVI. Place Maubert	300
XVII. Saint-Benoît	307
XVIII. Saint-André	311
XIX. Luxembourg	396
XX. Saint-Germain des Prez [1]	400

Il semble qu'à cette époque l'invention, d'abord si applaudie, des réverbères ait été complétement oubliée; car, en 1763, l'Académie des sciences mit au concours la question suivante : « Déterminer la meilleure manière d'éclairer une grande ville, en embrassant, autant qu'il sera possible, la sûreté, la durée et l'économie »; le prix, d'une valeur de cent pistoles, avait été offert par M. de Sartine, alors lieutenant général de police [2].

1. Jèze, *État ou tableau de la ville de Paris, etc.* (1760), p. 104.

2. *Mémoires secrets, dits de Bachaumont,* 6 septembre 1763; t. I, p. 274.

Cette généreuse pensée ne produisit sans doute pas les résultats qu'on en attendait ; puisque, en 1769, on reprit l'idée émise vingt-cinq ans auparavant par Bourgeois de Chateaublanc ; celui-ci put donc voir, avant de mourir, sa précieuse invention définitivement adoptée. Le 30 juin, l'entreprise de l'éclairage lui fut accordé pour vingt années[1] ; il devait pourvoir tout Paris de lanternes à réverbère, et moyennant quarante-trois livres douze sols par an et par bec, il devait en assurer le service et l'entretien. Nous avons dit que ces nouvelles lanternes étaient alimentées par de l'huile ; celle que l'on destinait à cet usage était extraite de la cuisson des tripes, et c'est dans l'île des Cygnes qu'elle se fabriquait[2].

L'enthousiasme qui avait accueilli ce procédé d'éclairage lors de son apparition se réveilla aussitôt et s'affirma par plusieurs pièces de vers à la louange de l'inventeur, du lieutenant de police et des réverbères. La plus curieuse, publiée dès 1769, est adressée à ces

1. *Mémoires secrets, dits de Bachaumont,* 25 juillet 1769 ; t. IV, p. 277.
2. Hurtaut et Magny, *Dictionnaire historique de la ville de Paris,* t. I, p. 656.

derniers par les « filoux et écumeurs de bourses de Paris »; on y lit :

> Chaque quartier a ses fanaux,
> Des plus beaux lustres fiers rivaux,
> Dont la clarté met à la gêne
> Nos mains et nos fûtés ciseaux ;
> Et c'est encore sans y comprendre
> La troupe hurlante des falots.
> Dans un songe noir je songeois
> (Car tout est songe dans la vie);
> Je voyois un gros de bourgeois,
> L'œil stupéfait, l'âme ravie,
> A l'entour du magicien,
> Le brillant méchanicien,
> Qui substituoit aux chandelles
> Lampes aussi claires que belles [1].

Sur le titre de cette plaquette figure un
réverbère très-finement gravé. Ajoutons que
l'on trouve une image assez fidèle des anciennes lanternes à chandelle en tête de l'*Essai historique et critique sur les lanternes* [2].

Mercier lui-même, fort mauvaise langue
comme on sait, célèbre le nouveau procédé
d'éclairage [3]; il se plaint seulement, et avec

---

1. *Plainte des filoux et écumeurs de bourses à
nosseigneurs les réverbères.* Londres, 1769, in-8° de
12 pages, p. 3 et 5.

2. *Essai historique, critique, philologique, poli-
tique, moral, littéraire et galant sur les lanternes,*
Dole, Lucnophile et Ce, 1755, in-12.

3. *Tableau de Paris,* ch. lxv.

raison, de ce que les nouvelles lanternes n'étaient point allumées aux époques de clair de lune; c'était là, en effet, une cause fréquente d'accidents, et l'auteur d'une pièce du temps faisait dire à l'un de ses personnages : « La lune comptoit sur les réverbères, les réverbères comptoient sur la lune : il n'y a ni réverbères ni lune, et ce qu'on voit de plus clair, c'est qu'on n'y voit goutte. » Le lieutenant de police Lenoir supprima, vers 1780, cette mesquine économie.

A ce moyen d'éclairage il faut ajouter « la troupe hurlante des falots », qui se trouve mentionnée dans les vers que nous venons de reproduire. Cette innovation de l'abbé Caraffa avait prospéré, et Prudhomme, en 1807, les regrettait amèrement[1]. Le service des falots était encore fort apprécié au début de la Révolution, et voici comment Mercier dépeint leurs mœurs et leur organisation : « Le falot est tout à la fois une commodité et une sûreté pour ceux qui rentrent tard chez eux. Le falot vous conduit dans votre maison, dans votre chambre, fût-elle au septième étage, et vous fournit de la lumière quand vous n'avez

1. *Miroir critique et historique de l'ancien et du nouveau Paris*, t. I, p. 271.

ni domestique, ni servante, ni allumettes, ni amadou, ni briquet. Ces clartés ambulantes épouvantent les voleurs et protègent le public presque autant que les escouades du guet. Ces rôdeurs, tenant lanterne allumée, sont attachés à la police, voient tout ce qui se passe ; et les filoux qui, dans les petites rues, voudraient interroger les serrures, n'en ont plus le loisir devant ces lumières inattendues. Elles se joignent aux réverbères pour éclairer le pavé... A la sortie des spectacles, ces porte-falots sont les commettants des fiacres ; ils les font avancer ou reculer selon la pièce qu'on leur donne. Comme c'est à qui en aura, il faut les payer grassement, sans quoi vous ne voyez ni conducteurs ni chevaux. D'ailleurs, au moindre tumulte, ils courent au guet et portent témoignage sur le fait[1]. »

Les réverbères, perfectionnés vers 1821 par un lampiste nommé Vivien, ne furent détrônés que de nos jours, par l'adoption du gaz. En 1791, on comptait à Paris 3,783 lanternes, représentant 8,592 becs de lumière ; en 1817, 5,035 lanternes, représentant 11,340 becs de de lumière et consommant annuellement

---

1. Mercier, *Tableau de Paris*, ch. DXVI.

290,046 kilogrammes d'huile. La première application de l'éclairage au gaz eut lieu, en janvier 1829, dans la *rue de la Paix;* ce nouveau procédé fut ensuite mis en pratique dans la *rue de Castiglione,* la *rue de l'Odéon* et les *galeries du Palais-Royal.* Quoique plusieurs compagnies se fussent déjà formées pour exploiter ce mode d'éclairage, ses progrès furent assez lents; car on lisait encore dans un ouvrage sur Paris publié en 1832 : « Le gaz hydrogène ferait oublier les excellentes lanternes à réverbères, si tout ce qui est nouveau dans les arts utiles n'était pas longtemps et obstinément repoussé chez nous autres Français [1]. » L'éclairage de Paris en 1840 se répartissait ainsi : 7,000 becs de gaz et 1,200 réverbères. En 1872, Paris a consommé 147,668,330 mètres cubes de gaz, répandus dans toutes les rues au moyen de conduites en fonte représentant une longueur de 1,132,022 mètres. Ces conduites alimentaient 36,500 becs réservés à l'éclairage public et environ 800,000 becs appartenant à des particuliers. On comptait cependant encore près de 900 réverbères.

1. Béraud et Dufey, *Dictionnaire historique de Paris,* t. I, p. 105.

VI.

ARMI les causes qui, même durant le jour, entretenaient l'obscurité des rues, on signalait les énormes enseignes qui se balançaient au-devant de chaque boutique. La sage ordonnance de la Reynie sur cette matière était tombée en désuétude, et les enseignes avaient repris des dimensions colossales : des bottes, des gants, des paquets de chandelles, des pains de sucre gros comme des tonneaux occupaient parfois toute la largeur de la rue, et, les jours de vent, se choquaient entre elles, grinçaient et criaient sur leurs lourdes potences de fer. En 1761, le lieutenant de police Sartines rendit, à la demande des six corps de marchands, une ordonnance qui supprimait toutes les enseignes saillantes, et autorisait seulement celles qui seraient appliquées contre les murs des maisons ou les devantures des boutiques[1].

Les rues se trouvèrent ainsi un peu dégagées; il était malheureusement plus difficile de les élargir. Au nom de la salubrité publique, Sauval, vers 1700, se plaignait déjà de leur étroitesse[2], et on ne lui avait guère donné satisfaction sur ce point. Paris, au commencement du règne de Louis XV, comptait environ 550,000 habitants renfermés dans un espace de 1,337 hectares, divisé lui-même en 999 rues. Montesquieu n'exagérait donc pas quand il écrivait : « Paris est aussi grand qu'Ispahan ; les maisons y sont si hautes qu'on jureroit qu'elles ne sont habitées que par des astrologues. Tu juges bien qu'une ville bâtie en l'air, qui a six ou sept maisons l'une sur l'autre, est extrêmement peuplée... [3]. »

Une ordonnance du 10 avril 1783 ordonna enfin qu'il ne serait plus ouvert au-

---

1. *Journal* de Barbier, t. VII, p. 416.
2. *Recherches sur Paris*, t. I, p. 186.
3. *Lettres persanes*, lettre xxiv.

cune rue qu'en vertu de lettres patentes ;
que les nouvelles rues ne pourraient avoir
moins de trente pieds de largeur, et que les
anciennes qui n'auraient pas cette dimension
seraient successivement élargies lors des re-
constructions. La hauteur des maisons fut
fixée à soixante pieds pour les rues de trente
pieds de largeur ; dans les rues moins larges,
les maisons ne devaient pas s'élever à plus de
quarante-huit pieds.

Le nombre toujours croissant des voitures
avait rendu la circulation difficile et dange-
reuse dans ces rues si étroites ; les lourdes
bornes placées le long des maisons restèrent
cependant, jusqu'en 1782, la seule protection
accordée aux piétons. L'usage des trottoirs,
importation anglaise, date de cette année.
Les premiers qu'il y ait eus à Paris furent
posés dans la *rue du Théâtre-Français*[1] (aujourd'hui *rue de l'Odéon*), qui venait d'être
percée sur l'emplacement de l'ancien hôtel de
Condé. Cependant l'auteur des *Aventures
parisiennes* disait encore en 1808 : « Les
rues de Paris ne sont point susceptibles d'être
ornées de trottoirs, ainsi que plusieurs per-

1. Mercier, *Tableau de Paris*, t. I, p. 118, et t. V,
p. 276.

sonnes se l'imaginent; la multiplicité des portes cochères y met un obstacle presque insurmontable. » Enfin, dans un rapport[1] présenté au Conseil général de la Seine en 1823, le comte de Chabrol constate « le défaut presque absolu de trottoirs commodes et convenablement construits. »

Aucune maison de Paris n'était alors garnie de gouttières; par un temps de pluie, les piétons ne pouvaient éviter d'être écrasés qu'en se laissant inonder par les masses d'eau qui tombaient des toits. Le 30 novembre 1831 seulement, une ordonnance du préfet de police imposa aux propriétaires des maisons bordant la voie publique l'obligation d'y établir des chéneaux et des gouttières[2].

On avait commencé, sous le règne de Louis XV, à indiquer d'une manière visible le nom de chaque rue. Une ordonnance du 16 janvier 1728 enjoignit aux propriétaires des maisons formant encoignure de faire poser, à une hauteur désignée, une plaque de tôle ou de fer-blanc, portant le nom de la rue

1. Il a été publié dans Béraud et Dufey, *Dictionnaire historique de Paris*, t. II, p. 181 et s.
2. H. Raisson, *Histoire de la police de Paris*, p. 343.

en gros caractères noirs[1]; et cette mesure, qui paraît avoir été très-facilement acceptée par la population, avait reçu son exécution complète dès le mois de mars[2]. Mais les variations de la température eurent bientôt effacé, dégradé ou détruit la plupart des plaques. Une autre ordonnance, datée du 3o juillet 1729, les remplaça par des tablettes de pierre de liais, sur lesquelles les noms des rues étaient profondément gravés en creux; au-dessous de chaque inscription se trouvait le numéro du quartier dont la rue faisait partie[3], et on y ajouta plus tard un certain nombre de C qui mentionnaient le nombre de carrosses qui y pouvaient passer de front; les essieux étaient tous supposés de six pieds[4]. Un nouveau mode d'inscription fut adopté en 1823. Le nom de la rue fut enchassé en lettres blanches dans une plaque de fer peinte en noir et fixée au mur de manière à rendre l'enlèvement facile. En outre, chaque lettre était indépendante de ses voisines et pouvait

1. Hurtaut et Magny, *Dictionnaire historique de Paris*, t. IV, p. 259.

2. Piganiol de la Force, *Description de Paris*, t. I, p. 32.

3. Delamarre, *Traité de la police*, t. IV, p. 347.

4. Lesage, *le Géographe parisien, etc.*, t. I, p. 69.

être remplacée à volonté[1]. Ce procédé fut abandonné en 1844 ; un arrêté de M. de Rambuteau prescrivit alors l'emploi de plaques en lave de Volvic émaillée, où les lettres blanches se détachaient sur fond bleu.

On avait aussi renouvelé plus d'une fois l'inutile tentative faite en 1512 pour arriver à numéroter chaque maison. La déclaration du 29 janvier 1726 prescrivit le numérotage des portes cochères et charretières; on ne voulait d'ailleurs ainsi que faciliter le recensement des faubourgs, et empêcher que de nouvelles constructions puissent s'élever sans autorisation. L'opération devait être faite sous la direction du Trésorier de France, qui exerçait les fonctions de Grand-Voyer, et par les officiers du Bureau des Finances de la Généralité de Paris, concurremment avec le Bureau de la Ville. Cette mesure, qui gênait les constructeurs de maisons, éveillait en outre les craintes des contribuables, toujours prêts à prévoir l'établissement de quelque nouvel impôt à la suite d'un recensement; elle paraît n'avoir reçu tout d'abord qu'une exécution très-incomplète. Des actes de 1740

1. Béraud et Dufey, *Dictionnaire historique de Paris*, t. II, p. 153.

et de 1765 en renouvelèrent les dispositions avec un peu plus de succès. En feuilletant la collection de l'*Almanach royal*, on trouve en effet, de 1757 à 1775, l'indication de quelques maisons situées dans les faubourgs et portant des numéros. Ce sont les adresses de quatre ou cinq conseillers à la Chambre des Comptes, observateurs plus scrupuleux peut-être que d'autres personnages des prescriptions émanées du Trésorier de France. Une lettre de Voltaire du 12 mars 1775, porte pour suscription : « A M. Morin, censeur royal, rue du Faubourg-du-Temple, n° 14, à Paris. » Vers la même époque, divers essais furent faits, probablement par des particuliers, avec l'encouragement de l'administration parisienne, pour étendre le numérotage aux maisons de la ville proprement dite. Dans un *Almanach des Six Corps, Arts et Métiers,* publié en 1769, une colonne est réservée en blanc pour inscrire, sans doute à la main, les numéros des maisons; un seul numéro y est imprimé, celui du sieur Advernier, dessinateur, demeurant rue de Grenelle-Saint-Honoré, n° 64. L'*Almanach royal* de 1771 mentionne l'adresse, rue du Four-Saint-Honoré, n° 90, d'un ins_

pecteur de police pour le quartier des Halles.
Ce ne sont pas les seuls exemples d'adresses
avec les numéros que l'on pourrait citer
comme datant du milieu du siècle dernier.
Il en fut apposé certainement un assez grand
nombre; mais la mesure ne fut pas générale,
et le commerce ne l'accueillit guère mieux
que la noblesse[1].

Les grands seigneurs, les hauts ecclésiastiques, les fermiers généraux, ne voulaient
pas s'exposer à voir leur demeure inscrite et
numérotée à la suite d'un hôtel garni ou
d'une boutique. Au bas de l'*Accordée de
village,* gravure publiée vers 1780, on lit ces
mots : « A Paris, chez J.-B. Greuze, peintre
du roy, rue Pavée, la première porte cochère
à gauche, en entrant par la rue Saint-André-
des-Arcs. » Mercier écrivait donc avec raison (1781) : « On avait commencé à numéroter les maisons des rues; on a interrompu,
je ne sais pourquoi, cette utile opération. Quel
en serait l'inconvénient? Il serait plus commode et plus facile d'aller tout de suite chez
M. un tel, n° 87, que de trouver M. un tel,

1. Voyez le rapport de M. Ch. Merruau au préfet
de la Seine, publié dans L. Lazare, *Bibliothèque mu-
nicipale.*

Au Cordon bleu ou *A la Barbe d'Argent*, la quinzième porte cochère à droite ou à gauche après telle rue. Mais les portes cochères, dit-on, n'ont pas voulu permettre que les inscripteurs les numérotassent. En effet, comment soumettre l'hôtel de M. le Conseiller, de M. le Fermier général, de Monseigneur l'Évêque à un vil numéro, et à quoi servirait son marbre orgueilleux? Tous ressemblent à César, aucun ne veut être le second dans Rome. Puis, une noble porte cochère se trouverait inscrite après une boutique roturière. Cela imprimerait un air d'égalité qu'il faut bien se garder d'établir[1]. »

La police dut cependant céder, et pour la réalisation de ce projet, il ne fallut rien moins que la prise de la Bastille et les grands événements de 1789. Malheureusement, la mise en pratique de la mesure fut alors abandonnée aux districts, puis aux comités de sections. Chacun agit sans entente préalable avec les sections limitrophes. L'opération se fit en général au moyen d'une seule série de numéros, partant d'un point quelconque,

---

1. *Tableau de Paris*, ch. CLXX.

d'un édifice par exemple, et se développant le long des rues ou portions de rue pour revenir au point de départ.

Le système actuel de numérotage des maisons date d'un décret signé le 4 février 1805.

1. Bibliothèque nationale, manuscrits, fonds français, nᵒ 18805.

Jusqu'à l'arrêt du 14 février 1702 (Félibien, t. IV, p. 395), Paris fut divisé en seize quartiers seulement. Mais déjà, divers services publics, les recettes particulières et la voirie, par exemple, avaient partagé la ville en vingt quartiers. La nomenclature que nous publions accompagne le procès-verbal d'une visite faite dans les rues de Paris par Anne de Beaulieu, sieur de Saint-Germain, qui se qualifie de « controoleur ordonné, commis et depputé par commission du roy portant pouvoir général et spécial de controoller et avoir regard, l'œil et le soing sur tous les contractans et entrepreneurs du nettoyement des bouës et immundices, que pavaige de la ville. » Le *Procès-verbal* a été publié par Félibien, t. IV, p. 119.

DE TOUTES LES RUES

des vingt quartiers de Paris [1].

~~~~~~~~~~~~~~

Aux deux quartiers SAINT ANTHOINE et DES MARESTZ DU TEMPLE sont les :

Rue Saint Anthoine [2].

2. La partie orientale de cette rue porta longtemps le nom de *rue de la Porte-Baudoyer.* Dans l'origine, la *rue Saint-Antoine,* alors *rue de l'Aigle,* s'arrêtait à la Culture Sainte-Catherine ; elle s'étendit ensuite jusqu'à la *rue Geoffroi-l'Asnier.* En 1650, sur le plan de Gomboust, elle a encore gagné du terrain et ne s'arrête qu'à la *rue des Barres.* Ses empiétements finirent par absorber entièrement la *rue de la Porte-Baudoyer.*

Rue de Jouy [1].

— du Figuier.

— Percée.

— des Fauconniers [2].

— des Jardins.

— des Prestres [3].

— Saint Paul.

Le Trotoy ou quay des Célestins.

Rue du petit Muz [4].

— des Lyons.

— Girard Bocquet [5].

— Neufve Saint Paul [6].

— de la Serrizaye [7].

1. Pour cette rue et pour les dix-sept suivantes, le *Procès-verbal de visite de 1636* que nous venons de citer, dit : « trouvée orde, salle et « pleine de boues et immundices. »

2. On écrit aujourd'hui *rue du Fauconnier.* Tout le côté droit de cette rue était bordé par les murs du couvent des filles de l'Ave-Maria.

3. Aujourd'hui *rue Charlemagne.* (Ordonnance du 5 août 1844).

4. Devenue *rue du Petit-Musc.*

5. On nommait ainsi la partie de la rue *Beautreillis* qui va de la *rue des Lions* à la *rue Charles V*, alors *rue Neuve-Saint-Paul.*

6. Aujourd'hui *rue Charles V.*

7. On écrit aujourd'hui *rue de la Cerisaie.*

Rue de Beau trillis [1].

— des Trois pistolles [2].

— Gervais Laurens [3].

— des Tournelles.

— Neufve Saint Gilles [4].

Les quatre rues du tour de la place Royalle.

Les quatre rues des advenues de ladite place Roialle.

Rue de l'Escharpe blanche [5].

— de l'Esgoust couvert [6], allant au carrefour Saint Paul.

---

1. Aujourd'hui *rue Beautreillis*.

2. On écrivait ordinairement *rue des Trois-Pistolets*. C'est la portion de la *rue Charles V* actuelle qui s'étend de la *rue Beautreillis* à la *rue du Petit-Musc*.

3. J'ignore quelle rue on a voulu désigner ainsi. Il y avait une *rue Gervais-Laurent* dans la Cité, mais ce ne peut être d'elle qu'il est question ici.

4. Aujourd'hui *rue Saint-Gilles*.

5. Cette rue est aujourd'hui comprise dans la *rue des Vosges*. C'est la partie qui va de la *place Royale* à la *rue de Turenne*.

6. Elle est plus souvent nommée *rue de l'Égout, rue des Égouts* ou *rue de l'Égout-Sainte-Catherine*; elle allait de la *rue Saint-*

Rue Sainte Catherine [1].

— du Roy de Scicile.

— Jehan Tizon [2].

— Cloche perse [3].

— de la Croix blanche.

— Pavée.

— des Francz bourgeois.

— Vielle rue du Temple.

— des Escoufles [4].

— des Juifz [5].

— des Roziers.

— des Blancz manteaux.

— du Puis.

— des Singes.

— du Chaume.

— du Grand chantier.

Antoine à la *rue Saint-Louis*. Elle fait aujourd'hui partie de la *rue de Turenne*.

1. Devenue *rue Culture-Sainte-Catherine*.

2. Aujourd'hui *rue Tiron*, nom plus conforme, d'ailleurs, à l'étymologie.

3. Devenue *rue Cloche-Perce*.

4. Aujourd'hui *rue des Écouffes*.

5. Pour cette rue et les quatorze suivantes, on lit dans le *Procès-verbal de visite de 1636*: « avons veu quantité de boues et immundjces. »

Rue de Paradis.

— des Quatre filz.

— d'Anjou.

— des Francz bourgeois [1].

— Barbette.

— de la Perle.

— de Thorigny.

— des Trois pavillons ou de Diane [2].

— Payenne.

— du Parc royal.

— des Coustures Saint Gervais.

— Saint Anastaze.

— Neufve Saint Gervais.

— Saint Louys [3].

— Saint François [4].

— Françoise [5].

1. Déjà citée plus haut. Plusieurs rues sont ainsi mentionnées deux fois.

2. Diane de Poitiers a habité *l'hôtel Barbette*, dont les jardins s'étendaient jusqu'à cette rue.

3. On lui a récemment rendu le nom de *rue de Turenne,* qu'elle avait portée en 1806.

4. Devenue *rue Neuve-Saint-François;* aujourd'hui *rue Debelleyme.*

5. Devenue *rue du Roi-Doré.* « Avons trouvé « quantité d'immundices et ordures, vuidanges « des caves, et boues seiches, collées et attachées

Rue de Poitou.

— de Bretaigne.

— de Berry [1].

— de Beausse [2] et le Marché.

— de Xaintonge [3].

— Charlot [4].

— du Perche.

— d'Orléans [5].

— d'Angoulmois [6].

— de Beaujollois [7].

« contre les murs, des deux costez. » *Procès-verbal de visite du 21 avril 1636.*

1. C'est la portion de la *rue Charlot* actuelle qui va de la *rue d'Anjou* à la *rue de Bretagne.*

2. On écrit aujourd'hui *rue de Beauce.*

3. *Rue de Saintonge.*

4. Voyez la note 6 ci-dessous. « Au milieu de « laquelle avons trouvé une très-grande quan- « tité d'immundices et eaues crouppies de long « temps y a, capables de causer grandes infec- « tions. » *Procès-verbal de visite du 21 avril 1636.*

5. Aujourd'hui comprise dans la *rue Charlot;* c'est la partie qui va de la *rue des Quatre-Fils* à la *rue d'Anjou.*

6. Aujourd'hui *rue Charlot.* La *rue Charlot* actuelle est composée de trois rues : la *rue d'Orléans,* la *rue de Berry* et la *rue d'Angoumois.*

7. Aujourd'hui *rue de Picardie.*

Rue de Perrigueux[1].

— de Forestz[2].

— de la Marche[3].

Nombre des rues des susdits deux quartiers : soixante quinze rues.

1. Aujourd'hui réunie à la *rue Debelleyme*.
2. Aujourd'hui *rue du Forez*.
3. Elle commençait *rue d'Anjou* et finissait *rue de Bretagne*. Elle est aujourd'hui comprise dans la *rue de Saintonge*.

Aux trois quartiers du Montceau Saint Gervais, de la Greve et de l'Apport de Paris, sont les :

Cimetière Saint Jehan.
Rue de la Verrerie [1].
— des Mauvais garsons.
— des Deux portes.
— Galliasse [2].
— du Cocq.
— Cocquilière [3].
— de la Poterie.
— Saint Bon.

1. Pour cette rue et les quatorze suivantes, on lit dans le *Procès-verbal de visite du 22 avril 1636* : « que nous avons trouvée la plus grande « partie salle et pleine d'immundices. »

2. La *rue Galliasse* ou *Galiace* est la même que la *rue des Deux-Portes* citée au-dessus. On a sans doute voulu écrire « *rue des Deux-Portes* ou *rue Galliasse.* »

3. C'est la *rue des Coquilles*, aujourd'hui comprise dans la *rue du Temple*. (Ordonnance du 18 février 1851.)

Rue des Assizes [1].

— de la Pourpointerie [2].

— de Marivault [3].

— de la Vielle monnoye [4].

— de la Heaumerie [5].

— Saint Jacques de la boucherie [6].

— de la Savonnerie [7].

— de la Place aux veaulx [8].

— du Crucifix Saint Jacques [9].

— du Bout du Pont Notre Dame, dit Place Mibray [10].

1. *Rue des Arcis.* Elle est aujourd'hui comprise dans la *rue Saint-Martin.*

2. Devenue *rue des Lombards.*

3. Aujourd'hui *rue Nicolas-Flamel.* (Ordonnance du 18 février 1851.)

4. Supprimée en 1855.

5. Devenue *rue des Écrivains* (ordonnance du 18 février 1851); supprimée par décret du 29 février 1853.

6. Devenue *Avenue Victoria.*

7. Supprimée par décret du 19 février 1853.

8. Supprimée par décret du 29 juillet 1854.

9. Supprimée par décret du 26 juillet 1852. Son emplacement fait aujourd'hui partie de la *place Saint-Jacques la Boucherie.*

10. Aujourd'hui compris dans la *rue Saint-Martin.* (Ordonnance du 18 février 1851.)

Rue de la Coustellerie [1].

— de la Tacherie.

— de la Vannerie [2].

— Jehan de l'Espine [3].

— Jehan Pain Molet [4].

— du Mouton [5].

— de la Tisseranderie [6].

— des Vielles garnisons [7].

— du Cloistre Saint Jehan [8].

Place du Montceau Saint Gervais, où est la barrière des Sergens [9].

1. « Orde, salle et pleine d'immundices, » dit le *Procès-verbal de visite du 22 avril 1636.*

2. Supprimée en 1854.

3. Supprimée en 1853.

4. Comprise d'abord dans la *rue des Écrivains* (ordonnance du 18 février 1851), puis supprimée en 1853.

5. Supprimée en 1850, et aujourd'hui comprise dans la *place de l'Hôtel-de-Ville.*

6. Supprimée en 1851, pour le prolongement de la *rue de Rivoli.*

7. Supprimée en 1811.

8. Devenue *rue du Tourniquet-Saint-Jean,* puis comprise dans la *rue Lobau.* (Ordonnance du 14 décembre 1838.)

9. Aujourd'hui comprise dans la *rue François-Miron.* (Ordonnance du 14 décembre 1838.)

Rue du Martroy [1].
Place de la Grève.
Rue de la Tannerie [2].
— de la Mortellerie [3].
— de la Levrette [4].
— de Long pont [5].
— des Barres.
— Geoiffroy Lasnier.
— Persée [6].
— des Nonains d'Yerre.

Nombre des rues des susditz quartiers : trente neuf rues.

1. Supprimée en 1837. C'est sur son emplacement que fut prise la cour des appartements particuliers du préfet de la Seine.
2. Supprimée en 1855.
3. Aujourd'hui *rue de l'Hôtel-de-Ville*. (Décision ministérielle du 16 février 1835.)
4. Cette rue a été comprise dans la *rue Lobau* par ordonnance du 14 décembre 1838.
5. Devenue *rue Jacques-de-Brosse*. (Ordonnance du 14 décembre 1838.)
6. *Rue Percée.*

Aux quatre quartiers de Sainte Avoye et du Temple, et des rues Saint Martin, Saint Denis et des Halles, sont les :

Rue de la Barre du becq [1].
— des Deux portes [2].
— Sainte Croix [3].
— de l'Homme armé.
— des Billettes.
— Saint Merry [4].
— Simon le franc.
— Bourtibourg.
— Geoiffroy l'Angevin.

1. Réunie à la *rue du Temple*, par décision ministérielle du 18 février 1851.
2. Pour cette rue et les treize suivantes, le *Procès-verbal de visite du 22 avril 1636* dit : « Pleine de boues et immundices. »
3. *Rue Sainte-Croix-de-la-Bretonnerie.*
4. Aujourd'hui *rue Neuve-Saint-Merri.*

Rue Sainte Avoye [1].

— de Bracque.

— Michel le conte.

— des Haudriettes [2].

— Courtau villain [3].

— Chappon.

— Pastourelle [4].

— des Grandz villiers [5].

— des Enffens rouges [6].

1. Elle a été réunie à la *rue du Temple*. (Décision ministérielle du 18 février 1851.) Elle allait de la *rue Sainte-Croix-de-la-Bretonnerie* à la *rue des Vieilles-Haudriettes*.

2. On venait de construire, à l'angle qu'elle forme avec la *rue du Chaume*, une fontaine, qui est indiquée sur le plan de Gomboust. Aussi la trouve-t-on nommée à cette époque, *rue des Haudriettes* ou *de la Fontaine-Neuve*. (Félibien, IV, 124.) C'est aujourd'hui la *rue des Vieilles-Haudriettes*.

3. En 1768, elle a été réunie à la *rue de Montmorency*. Elle allait de la *rue du Temple* à la *rue Beaubourg*.

4. « Du tout orde et salle, pleine de grandz tas de boues et immundices. » *Proc.-verb. de visite du 22 avril 1636.* Même mention pour la suivante.

5. *Rue des Gravilliers.*

6. *Rue des Enfants-Rouges*, à laquelle l'hôpital avait donné son nom.

Rue de la Corderie [1].

— Fripau [2].

— Frépillon [3].

— au Maire.

— des Vertuz.

— Trassenonain [4].

— de l'Eschelle du Temple [5].

1. Elle a été réunie à la *rue de Bretagne* (décision du 18 février 1851); c'est la partie qui s'étend de la *rue de Beauce* à la *rue du Temple*.

2. Devenue *rue Phélippeaux*, et aujourd'hui comprise en partie dans la *rue Réaumur*. Elle allait de la *rue du Temple* à la *rue Frépillon*.

3. Comprise dans la *rue Volta* (décret du 18 février 1851); elle allait de la *rue au Maire* à la *rue Phélippeaux*. Quelques plans la continuent même jusqu'à la *rue des Fontaines*.

4. Devenue *rue Transnonnain;* une décision du 18 février 1851 l'a réunie à la *rue Beaubourg*. Elle allait de la *rue Grenier-Saint-Lazare* à la *rue au Maire*.

5. Ce nom a été porté par la *rue des Vieilles-Haudriettes* et par la *rue des Quatre-Fils;* mais toutes deux ont été déjà décrites. Notre manuscrit veut sans doute désigner ainsi une partie de la *rue du Temple*, celle, par exemple, qui s'étendait de la *rue Michel-le-Comte* à la *rue des Gravilliers*. — Au XVIIe siècle, l'échelle de justice des chevaliers du Temple s'élevait au point de jonc-

Rue des Fontaynes.

— Neufve Saint Laurens [1].

— de la Croix [2].

— des Esgoutz [3].

— du Ponceau [4].

Grand rue Saint Martin.

Rue du Verbois [5].

— Guérin Boisseau.

tion des *rues Michel-le-Comte* et *des Vieilles-Haudriettes.* (Voyez le plan de Gomboust et celui de Jouvin de Rochefort.)

1. Aujourd'hui réunie à la *rue du Vert-Bois.* (Décret du 18 février 1851). Elle allait de la *rue du Temple* à la *rue de la Croix,* qui est devenue *rue Volta.*

2. Aujourd'hui comprise dans le parcours de la *rue Volta;* elle commençait *rue Phélippeaux.*

3. L'égout qui coulait de la *rue Saint-Martin* à la *rue Saint-Denis* fut couvert en 1605, et devint la *rue des Égouts* du côté de la *rue Saint-Martin,* et la *rue du Ponceau* du côté de la *rue Saint-Denis.*

4. Elle avait pris son nom d'un petit pont jeté sur l'égout dont nous venons de parler.

5. *Rue du Vert-Bois.* « Y avons veu quantité « de boues et immundices. » *Procès-verbal de visite du 22 avril 1636.* Même mention pour les vingt rues suivantes.

Rue Darnetal [1].

— du Bourg labbé [2].

— des Innocens [3].

— de Montmorency.

— Grenier Saint Ladre [4].

— aux Ours.

— de la Court du More [5].

— des Petitz champs [6].

— des Menestriers [7].

— des Vielles estuves.

— de Venize.

— de la Baudrerie [8].

1. Devenue *rue Grénétat*.

2. Supprimée en partie (décret du 29 septembre 1854), lors de l'établissement du *boulevard de Sébastopol*. Elle allait de la *rue aux Ours* à la *rue Grénétat*.

3. C'est la *rue du Grand-Hurleur;* elle a été supprimée par décret du 29 septembre 1854.

4. On écrit aujourd'hui *rue Grenier-Saint-Lazare*.

5. Aujourd'hui *rue du Maure*.

6. Devenue *rue Brantôme*.

7. Supprimée en 1840 et comprise dans le parcours de la *rue de Rambuteau*. Elle allait de la *rue Beaubourg* à la *rue Saint-Martin*.

8. Ce nom a été porté par la *rue de la Corroierie,* par la *rue du Poirier* et par la *rue Mau-*

Rue Maubué.

— Beaubourg.

— Anniac [1].

— Trousse vache [2].

— des Trois mores [3].

— des Cinq diamantz [4].

— Quinquempoix.

— Aubry le boucher.

— Saint Denis.

— au Feurre [5].

bué ; ces deux dernières étaient alors presque toujours confondues dans un même nom. La *rue Maubué* étant citée ci-dessous, c'est sans doute la *rue de la Corroierie* que l'on a voulu désigner ici.

1. C'est la *rue Ogniart ;* elle a été réunie à la *rue de la Reynie* (décision du 18 février 1851). Elle allait de la *rue Saint-Martin* à la *rue des Cinq-Diamants.*

2. Devenue *rue de la Reynie* (décision du 27 juin 1822).

3. Supprimée (décret du 29 septembre 1854), et confondue dans le parcours du *boulevard de Sébastopol ;* elle allait de la *rue des Lombards* à la *rue Troussevache.*

4. Réunie à la *rue Quincampoix.* Elle allait de la *rue des Lombards* à la *rue Aubry-le-Boucher.*

5. Devenue *rue aux Fers ;* aujourd'hui *rue Berger.*

Rue de la Cossonnerie.

— des Prescheurs.

— de la Chanvererie [1].

— Saint Leu Saint Gilles [2].

— de la Truanderye [3].

— du Cigne.

— Mauconseil.

— du Petit Heuleu [4].

— du Petit pan [5].

— du Petit lion.

— du Regnard [6].

1. Comprise en 1844 dans le parcours de la *rue de Rambuteau*. Elle allait de la *rue Saint-Denis* à la *rue Mondétour*.

2. C'est la *rue Saint-Magloire*.

3. « Orde, boueuse, avec plusieurs taz d'im-« mundices. » *Procès-verbal de visite du 22 avril 1636*. Même mention pour les seize rues suivantes.

4. Devenue *rue du Petit-Hurleur ;* supprimée par décret du 29 septembre 1854, et comprise dans le parcours de la *rue de Turbigo*. Elle allait de la *rue Bourg-l'Abbé* à la *rue St-Denis*.

5. Je n'ai trouvé ce nom nulle part. Je crois qu'il doit s'appliquer au long *cul-de-sac de la porte aux peintres*, devenu (1806) *cul-de-sac des peintres*.

6. *Rue du Renard-Saint-Sauveur*.

Rue Saint Sauveur.

— des Filles Dieu.

— des Corderies [1].

— du Bout du monde [2].

— de Beaurepaire.

— Tirre boudin [3].

— Pavée [4].

— Françoise.

— Ticquetonne.

— de Montorgueil.

Nombre des rues des susditz quartiers : soixante et dix sept rues.

[1]. Devenue *rue Neuve-Saint-Sauveur*.

[2]. Devenue *rue du Cadran* (décision du 27 mai 1807), puis réunie à la *rue Saint-Sauveur* (décision du 11 juin 1861). Elle aboutissait à l'égout de la *porte Montmartre*.

[3]. Devenue *rue Marie-Stuart* (décision du 25 juillet 1809).

[4]. Aujourd'hui réunie à la *rue du Petit-Lion* (décision du 11 juin 1851). Elle allait de la *rue des Deux-Portes* à la *rue Montorgueil*.

Aux trois quartiers Saint Eustache, Saint Honnoré, Saint Germain de l'Auxerroys, sont les :

Rue du Boulloir [1].
— du Coq héron.
— de la Jussianne [2].
— Coquilière.
— des Vieulx Augustins.
— des Petitz champs [3].
— Pagevin [4].
— Soly.
— de Montmartre [5].

[1]. Aujourd'hui *rue du Bouloi.*
[2]. Aujourd'hui *rue de la Jussienne.*
[3]. Aujourd'hui *rue Croix-des-Petits-Champs.*
[4]. Les murailles des écuries de l'hôtel d'Épernon formaient alors tout le côté gauche de cette rue. Elles étaient, dit le *Procès-verbal de visite du 26 avril 1636,* « couvertes de boues « et immundices, gravois et autres ordures. »
[5]. « Fort orde, salle et pleine d'immundices. » *Procès-verbal de visite du 26 avril 1636.*

Rue et chaussée du faulxbourg de Mont-
    martre.

— du Croissant.

— Plastrière [1].

— de la Pointe Saint Eustache [2].

— et Porte de la Contesse d'Arthois [3].

— de la Fromeaigerie [4].

La halle au bled [5].

La halle au fruict [6].

---

1. Devenue *rue Jean-Jacques-Rousseau* (décision du 4 mai 1791). Elle reprit cependant un
moment, en 1816, son nom primitif.

2. Elle a formé la *place Saint-Eustache*.

3. Elle a été absorbée par la *rue Montorgueil*. Elle ne fut supprimée qu'en 1792 ; mais
quelques anciens plans, Gomboust (1650) et
Jouvin de Rochefort (1690) entre autres, font
déjà commencer la *rue Montorgueil* aux Halles.

4. Elle allait de la *rue de la Cossonnerie* à la
rue de la Tonnellerie. Elle fut d'abord réunie à
la *rue du Marché-aux-Poirées*, puis supprimée
vers 1854, lors de la création des *Halles
centrales*.

5. Elle était alors bordée, au nord, à l'est et
à l'ouest, par les *rues de la Fromagerie* et *de
la Tonnellerie*.

6. Alors entre les *rues aux Fers, du Marché
aux Poirées* et *de la Cossonnerie*.

7

La halle au poisson [1].

Rue du Marché aux poirées [2].

— de la Cordonnerie [3].

— Jehan de Beausse [4].

— de la Fripperie [5].

— de la Groignerie [6].

1. Alors située *rue de la Fromagerie.*

2. Elle allait de la *rue aux Fers* à la *rue de la Cossonnerie.* Elle a été supprimée en 1854, et est aujourd'hui comprise dans l'emplacement des *Halles centrales.*

3. Elle commençait *rue du Marché-aux-Poirées,* et finissait *rue de la Tonnellerie.* Elle a été supprimée en 1854, pour la construction des *Halles centrales.*

4. C'était une petite rue, courte et très-étroite, qui allait de la *rue de la Grande-Friperie* à la *rue de la Petite-Friperie.* Elle a disparu lors de la création des *Halles centrales.* —Cette rue était, dit le *Procès-verbal de visite de 1636,* « pleine de boues et immundices. » Même mention pour les onze rues suivantes.

5. Il y avait deux rues de ce nom. La *rue de la Grande* et la *rue de la Petite-Friperie ;* toutes deux commençaient *rue Jean-de-Beauce,* et finissaient *rue de la Tonnellerie.* Elles sont comprises dans l'emplacement des *Halles centrales.*

6. Cette petite rue, que les plans de l'époque nomment *Petite rue Saint-Martin* était pa-

Rue de la Chausseterie [1].

— de la Lingerie [2].

— de la Poterie [3].

— de la Ferronnerie.

— des Deschargeurs.

— des Petitz Carneaulx.

— de la Vieille cordonnerie [4].

— de la Limasse [5].

rallèle à la *rue de la Grande-Friperie* et à la *rue de la Cordonnerie*, et située entre ces deux rues, à égale distance de chacune. La construction des *Halles centrales* l'a fait disparaître.

1. Elle commençait *rue des Déchargeurs* et finissait *rue Tirechappe*. Depuis le xviiie siècle, elle est réunie à la *rue Saint-Honoré*.

2. Elle bordait le *cimetière des Innocents*, à l'est, de la *rue Saint-Honoré* à la *rue de la Grande-Friperie* ; elle va aujourd'hui de la *rue des Halles* à la *rue Berger*.

3. Parallèle à la *rue de la Grande-Friperie*, elle allait de la *rue de la Lingerie* à la *rue de la Tonnellerie*.

4. Elle commençait à la *rue de la Vieille-Harangerie* et finissait *rue des Déchargeurs* ; quelques plans lui font même englober la *rue de la Tabletterie*, et elle commence alors *rue Saint-Denis*. Vers la fin du xviie siècle, elle prit le nom de *rue des Fourreurs* ; elle est comprise aujourd'hui dans la *rue des Halles*.

5. *Rue de la Limace.*

Rue de la Tableterie [1].

— du Plat d'estain.

— des Mauvaises parolles [2].

— des Bourdonnois.

— Tirechappe.

— de Bétizy [3].

— Thibault dodée [4].

— des Deux boulles.

— Berthin Poirée.

— Jehan le Loingtier [5].

— des Lavandières.

1. Elle allait de la *rue Saint-Denis* à la *rue des Déchargeurs*. Elle a été supprimée lors du percement de la *rue des Halles*.

2. Supprimée en 1853, pour le prolongement de la *rue de Rivoli;* elle commençait *rue des Lavandières* et finissait *rue des Bourdonnais*.

3. Supprimée lors du percement de la *rue de Rivoli*. Au XVIIe siècle, elle allait de la *rue des Bourdonnais* à la *rue de l'Arbre-Sec;* lors de sa suppression, elle s'arrêtait à la *rue de la Monnaie*.

4. Elle a été réunie à la *rue des Bourdonnais* (décision du 3 avril 1852); elle allait de la *rue Saint-Germain-l'Auxerrois* à la *rue Béthisy*.

5. Devenue *rue Jean-Lantier*.

Cloistre Saint Opportune [1].

Rue et place du chevalier du guet [2].

— de la Vielle harengerie [3].

— Saint Denis, vers le Chastelet.

Place et marché de l'Apport de Paris [4].

Rue Saint Leuffroy [5].

— de la Descente de la vallée de misère [6].

Place et marché de la Vallée de misère [7].

1. Devenue *place Sainte-Opportune.*

2. Toutes deux supprimées de 1854 à 1855.

3. Supprimée vers 1854 pour le prolongement de la *rue de Rivoli.*

4. On nommait *marché de l'Apport* ou *de la porte de Paris* celui qui se tenait à l'extrémité du *Pont-au-Change*, devant le *Grand Châtelet* (aujourd'hui *place du Châtelet*).

5. Elle allait du *Pont-au-Change* à la *porte de Paris*, en passant sous le *Grand Châtelet.*

6. C'est la *rue Trop-va-qui-dure*, qui a été supprimée en 1813. Lacaille (1714) la nomme *Rue-qui-mi-trouva-si-dure.*

7. On appelait *Vallée de misère* la partie du quai située entre le *Pont-au-Change* et la *rue de l'Abreuvoir-Popin;* on y tint autrefois le marché à la volaille. Elle a été depuis longtemps réunie au *quai de la Mégisserie.*

Rue Saint Germain de l'Auxerroys.

— de l'Abrevoir Popin [1].

— de la Pierre au poisson [2].

— de la Petite poissonnerie [3].

— de la Vallée du pied [4].

— de la Chappelle aux orfévres [5].

— du Quay de la mégisserie [6].

— de la Mégisserie ou Monnoye.

— du Quarefour du Pont neuf [7].

1. Devenue *rue de l'Arche-Pépin*, elle a été supprimée par décret du 21 juin 1854.

2. Elle commençait *rue de la Saunerie* et finissait *rue Saint-Denis*. Elle est presque entièrement comprise aujourd'hui dans la *place du Châtelet*.

3. C'est la *rue de la Saunerie*, aujourd'hui supprimée ; elle allait du *quai de la Mégisserie* à la *rue Saint-Germain-l'Auxerrois*.

4. Peut-être la *rue du Pied-de-Bœuf*, aujourd'hui supprimée.

5. En 1399, la confrérie des orfévres avait fait construire dans cette rue un petit hôpital et une chapelle ; celle-ci fut rebâtie de 1550 à 1566. La rue se nomme aujourd'hui *rue des Orfévres*.

6. Le *quai de la Mégisserie* allait alors seulement de la *rue de l'Abreuvoir-Popin* au *Pont-Neuf*.

7. Ce ne peut être que la *place des Trois-*

Pont neuf.

Rue et quay de l'Escolle [1].

— des Prestres [2].

Cloistre Saint Germain de l'Auxerroys [3].

Rue de l'Abre secq [4].

— Baillette [5].

— des Fossez Saint Germain.

— du Bailleul [6].

— Jehan Tizon [7].

— des Poullies [8].

Maries, auparavant *rue du Pont-Neuf*, et à laquelle on vient de rendre ce dernier nom.

1. « Salle, boueuse et remplie d'immundices ; « et de plus avons particulièrement veu quan- « tité de fumiers compillez avec boues, qui ar- « restent le cours des eaues des ruisseaux. » *Procès-verbal de visite de 1636*. Mention à peu près semblable pour les vingt rues suivantes.

2. Devenue *rue des Prêtres-Saint-Germain-l'Auxerrois*.

3. Il entourait l'église.

4. La forme *rue de l'Abre-Sec* se rencontre souvent dans les manuscrits et même sur des plans, le plan dit de Tapisserie entre autres.

5. C'est la *rue Baillet*.

6. *Rue de Bailleul*.

7. Aujourd'hui *rue Jean-Tison*.

8. Aujourd'hui comprise dans la *rue du*

Rue d'Orléans.

— des Vielles estuves.

— des Deux escuz.

— Neufve [1].

— du Four.

— du Jour.

— des Provelles [2].

— de Grenelle.

— de la Tonnelerie.

— de l'Autruche [3].

— Jehan Saint Denis [4].

Louvre. Elle allait de la *rue des Fossés Saint-Germain-l'Auxerrois* à la *rue Saint-Honoré.*

1. Je ne sais quelle rue ce nom peut désigner. Il y avait alors dans ce quartier le *cul-de-sac de la Croix-Neuve ;* c'était une partie de la *rue d'Orléans* enclavée dans les jardins de *l'hôtel de Soissons.* Enfin, on commençait, en 1636, la construction de la rue qui fut appelée *Neuve des Bons-Enfants.*

2. Devenue *rue des Prouvaires.*

3. Aujourd'hui *rue de l'Oratoire-Saint-Honoré.* En 1636, elle allait encore jusqu'au quai; sous Louis XIV elle fut transformée en cul-de-sac, puis redevint rue en 1758.

4. Devenue *rue Pierre-Lescot* (décision du 23 mai 1807). Supprimée en 1854 et comprise aujourd'hui dans l'emplacement de *l'hôtel du*

Rue du Cocq [1].
— Champfleury [2].
— Frementeau [3].
— de Beauvais [4].
— du Chantre [5].
— Saint Thomas du Louvre [6].
— de l'Ortie [7].

Louvre. Elle allait de la *rue de Beauvais* à la *rue Saint-Honoré*.

1. Aujourd'hui *rue de Marengo*, mais la moitié de sa longueur lui a été enlevée par la continuation de la *rue de Rivoli*.

2. Devenue *rue de la Bibliothèque* en 1806. Supprimée en 1854.

3. Elle allait du quai à la *rue Saint-Honoré*. Devenue *rue du Musée* (décision du 16 février 1839), elle a été supprimée en 1854 ; son emplacement est aujourd'hui confondu dans la *place du Palais-Royal*, la *rue de Rivoli*, le nouveau *Louvre* et la *place Napoléon*.

4. Elle allait de la *rue du Coq* à la *rue Fromenteau*. Dès 1815, elle avait disparu.

5. Elle commençait *rue de Beauvais* et finissait *rue Saint-Honoré*. Supprimée en 1854, elle est aujourd'hui comprise dans le périmètre de *l'hôtel du Louvre*.

6. Elle commençait au quai et finissait *rue Saint-Honoré*, en face de l'entrée du *Palais-Royal*. Supprimée en 1850.

7. Devenue *rue des Orties* ; elle longeait la

Rue Dantouche [1].

— des Bons enffens [2].

— du Tour, et gallerie du Louvre [3].

Grand rue et chaussée du faulxbourg Saint Honnoré [4].

grande galerie du *Louvre* depuis la *rue Fro-menteau* jusqu'à la *rue Saint-Nicaise*. Elle a été supprimée au milieu du xviiie siècle.

1. Je ne sais quelle rue on a voulu désigner ici. Le nom et la situation semblent indiquer la *rue de l'Autruche*, mais elle est déjà mentionnée plus haut.

2. « Avons trouvé en icelle quantité d'im-« mundices, plastras, gravois et terres prove-« nant de la massonnerie de l'Hostel de Ri-« chelieu. » *Procès-verbal de visite du 26 avril 1636*. Il s'agit ici du *Palais-Royal* actuel, qui fut précisément achevé en 1636. Voyez dans notre *Introduction* (page 42) un passage relatif à l'insalubrité de cet endroit.

3. Le *quai du Louvre*.

4. Le faubourg Saint-Honoré commençait alors à la hauteur de la *rue Royale* actuelle. La partie de la *rue Saint-Honoré* comprise entre le faubourg et le Palais-Royal était appelée *rue Neuve-Saint-Honoré*.

Le Marché aux chevaulx [1].
Rue de Malassis [2].
Grand rue des Thuilleries [3].
Rue Saint Vincent [4].
— de Gaillon.
— d'Argenteuil.
— de l'Evesque.
— de Monceaux [5].
— des Moulins.

Nombre des rues des susditz quartiers : Cent deux rues.

1. Comme l'indique le plan de Mérian, le *Marché aux chevaux* était alors situé en dehors et au nord de la porte Saint-Honoré, à peu près à la hauteur de la *rue de l'Évêque*.

2. Je n'ai pu trouver aucune rue qui eut porté ce nom. L'itinéraire suivi pourrait faire supposer qu'il est ici question de la *rue Traversière-Saint-Honoré*, qui porta quelque temps le nom de *rue de la Brasserie;* c'est aujourd'hui la *rue de la Fontaine-Molière* (décision du 12 mai 1843).

3. Elle passait devant le palais des *Tuileries* et aboutissait presque en face du *Pont Royal*, alors le *Pont Rouge*. Elle séparait le palais du jardin.

4. Aujourd'hui *rue du Dauphin*.

5. Devenue *rue des Moineaux*.

Aux quartiers de la Citté, Saint Séverin, rue de la Harpe et faulxbourgs Saint Germain, qui sont quatre quartiers, sont les :

Rue du Petit Pont.
— Neufve Notre Dame.
— Sainte Croix [1].
— Saint Cristofle [2].
— Pavée [3].
Cloistre Notre Dame [4].

1. Supprimée. Elle allait de la *rue Gervais-Laurent* à la *rue de la Vieille-Draperie*.
2. *Rue Saint-Christophe.* Supprimée; elle commençait *rue Saint-Pierre-aux-Bœufs* et finissait *rue de la Juiverie*.
3. Appelée aussi *rue du Sablon*. Elle commençait au *Pont Saint-Charles*, et aboutissait à l'*Hôtel-Dieu*. Elle est depuis longtemps comprise dans ses bâtiments.
4. Il s'étendait à l'ouest et au nord de l'église. L'entrée principale était sur la *place du Parvis*.

Rue Saint Pierre aux bœufz [1].

— de Venize [2].

— des Cannettes [3].

— de la Licorne [4].

— Coquadrille [5].

— Sainte Marine [6].

— des Marmouzestz [7].

— Saint Landry [8].

1. Supprimée en 1837, lors du percement de la *rue d'Arcole*. Elle allait de la *rue Saint-Christophe* à la *rue des Marmousets*.

2. Supprimée. Elle allait de la *rue Neuve-Notre-Dame* à la *rue Saint-Christophe*.

3. Devenue *rue des Trois-Cannettes*. Elle allait de la *rue Saint-Christophe* à la *rue de la Licorne*.

4. Elle allait de la *rue Saint-Christophe* à la *rue des Marmousets*.

5. *Rue Cocatrix*, aujourd'hui supprimée. Elle allait de la *rue Saint-Pierre-aux-Bœufs* à la *rue des Cannettes*.

6. En 1636, ce n'était depuis longtemps qu'un cul-de-sac qui conduisait à l'église *Sainte-Marine* ; son entrée était dans la *rue Saint-Pierre-aux-Bœufs*.

7. Supprimée. Elle allait de la *rue de la Colombe* à la *rue de la Lanterne*.

8. Supprimée. Elle allait de la *rue Basse-des-Ursins* à la *rue des Marmousets*.

Rue de la Colombe.

— du Port Saint Landry [1].

— d'Enfer [2].

— des Deux hermites [3].

— des Ursins [4].

— de Parpignan [5].

1. Devenue *rue du Chef* ou *rue du Chevet-de-Saint-Landry*; elle allait de la *rue d'Enfer* (aujourd'hui *quai Napoléon)* à la *rue des Marmousets*. Elle a été comprise, en 1837, dans l'emplacement de la *rue d'Arcole*. La *rue Saint-Landry* a aussi été parfois désignée sous le nom de *rue du Port-Saint-Landry*.

2. Réunie à la *rue Basse-des-Ursins,* puis supprimée en partie lors du percement de la *rue d'Arcole*. Elle commençait *rue du Cloître-Notre-Dame* et aboutissait *rue Saint-Landry*.

3. Supprimée. Elle allait de la *rue des Marmousets* à la première partie de la *rue Cocatrix*.

4. Trois rues portaient ce nom : la *rue Basse-des-Ursins,* parallèle à la rivière, et qui allait de la *rue Saint-Landry* à la *rue Glatigny*; la *rue Haute-des-Ursins,* parallèle à la précédente; et la *rue du Milieu-des-Ursins* qui, commençant au milieu de la première et finissant au milieu de la seconde, les reliait l'une à l'autre.

5. Supprimée. Elle allait de la *rue des Marmousets* à la *rue des Cannettes*. On écrivait *rue de Perpignan*.

Rue de Glatigny [1].

— des Haultz moulins [2].

— de la Jurie [3].

Pont Notre Dame.

Rue de la Pelleterie [4].

— Gervais Laurens [5].

— du Prieuré Saint Barthélemy [6].

— de la Vielle drapperie [7].

1. Supprimée. Elle allait du quai à la *rue des Marmousets*.

2. Devenue *rue du Haut-Moulin,* puis supprimée. Elle allait de la *rue Glatigny* à la *rue de la Lanterne,* en passant entre l'église *Saint-Denis-de-la-Chartre* et l'église *Saint-Symphorien.*

3. Devenue *rue de la Juiverie*, et supprimée en 1834, lors du percement de la *rue de la Cité.*

4. Supprimée. Elle allait de la *rue de la Lanterne* à la *rue Saint-Barthélemy*. Celle-ci se confondit dans la suite avec la *rue de la Barillerie,* dont elle était la continuation.

5. Supprimée. Elle allait de la *rue de la Lanterne* à la *rue de la Vieille-Draperie.*

6. Soit la *rue du Port-aux-Œufs,* qui ne figure pas dans cette nomenclature, soit la partie de la *rue de la Pelleterie* qui longeait l'église *Saint-Barthélemy.*

7. Supprimée en 1838, lors du percement de

Rue de la Savaterie [1].
— Saint Marcial [2].
— de la Calendre [3].
— Descarquillon [4].
— au Feurre [5].
— de la Barrilière [6].

la *rue de Constantine*. Elle allait de la *rue de la Lanterne* à la *rue de la Barillerie* (aujourd'hui *boulevard du Palais*).

1. Au milieu du xviiie siècle elle devint *rue Saint-Éloi*. Elle commençait *rue de la Vieille-Draperie*, et finissait après plusieurs détours à la *rue de la Calendre*.

2. Ce n'était déjà qu'un cul-de-sac qui conduisait de la *rue de la Savaterie* à l'entrée de l'église *Saint-Martial*.

3. Supprimée. Elle allait de la *rue de la Juiverie* à la *rue de la Barillerie*.

4. Cette rue, dont le nom a varié sans cesse, était appelée *rue des Cargaisons*, lors de sa suppression (1860).

5. Devenue *rue aux Fèves*, puis supprimée. Elle allait de la *rue de la Vieille-Draperie* à la *rue de la Calendre*.

6. Devenue *rue de la Barillerie*, mais la partie qui va de la *rue de la Vieille-Draperie* au *Pont-au-Change* était alors ordinairement appelée *rue Saint-Barthélemy* ; le plan de Lacaille (1714) la nomme encore ainsi. Elle a été

Le Marché neuf[1].

Pont Saint Michel.

Rue Saint Louys[2].

— Sainte Anne[3].

Court et place de dedans le Pallais.

Rue du quay de l'isle du Pallais, regardant vers les Augustins[4].

— de Harley[5].

Place Dauphine.

Rue du quay de l'isle du Pallais[6], du costé de la Megisserye.

— de la Huchette.

---

fort élargie et est devenue le *boulevard du Palais*.

1. C'est aujourd'hui le *quai du Marché-Neuf*.

2. C'est la partie du *quai des Orfévres* actuel qui va du *Pont Saint-Michel* à la *rue de Jérusalem*. Les maisons du côté gauche bordaient la Seine.

3. Devenue *rue Boileau* (décret du 9 avril 1851).

4. Aujourd'hui *quai des Orfévres*. Le couvent dit des Grands-Augustins, était situé en face, sur la rive opposée.

5. *Rue de Harlay*.

6. Aujourd'hui *quai de l'Horloge*.

Rue des Trois chandeliers [1].

— Zacharie.

— du Chat qui pesche [2].

— Saint Séverin.

— des Prestres.

— de la Parcheminerie.

— du Foing [3].

— du Bout de Bry [4].

— des Mathurins.

— de Sorbonne [5].

— des Massons [6].

— des Poirées [7].

1. Elle a été réunie à la *rue Zacharie* (décision du 9 avril 1851). Elle commençait au quai et finissait *rue de la Huchette*, en face de la *rue Zacharie*.

2. Supprimée. Elle allait du quai à la *rue de la Huchette*.

3. Réunie à la *rue des Noyers* (décision du 9 avril 1851), puis supprimée lors du percement du *boulevard Saint-Germain*.

4. Aujourd'hui *rue Boutebrie*.

5. « La plus grande partie pleine de boues et « immundices, et l'autre partie avons veu plu- « sieurs platras, graviers et fumiers. » *Procès-verbal de visite du 30 avril 1636.*

6. *Rue des Maçons.*

7. La *rue des Poirées* est devenue la *rue*

Rue des Cordiers.

— de la Harpe [1].

— Saint Cosme [2].

— de la Boucquelerie [3].

— Mascon [4].

— Poupée [5].

— de la Serpente [6].

Gerson, et la *rue Neuve-des-Poirées* la *rue Restaut*.

1. « En laquelle avons trouvé grande quantité « de boues et immundices seiches collées contre « les murs. » *Procès-verbal de visite de 1636*.

2. Ce nom s'appliquait alors à la partie méridionale de la *rue de la Harpe*, depuis la *rue des Cordeliers* (aujourd'hui *rue de l'École-de-Médecine*) jusqu'au mur d'enceinte. La *rue des Cordeliers* l'a porté aussi, mais elle est citée plus bas, ce n'est donc pas d'elle qu'il s'agit ici.

3. Devenue *rue de la Vieille-Bouclerie*. Elle commençait à la *rue de la Huchette* et finissait *rue Saint-Séverin*, formant ainsi la continuation de la *rue de la Harpe*, à laquelle elle fut réunie par décision ministérielle du 9 avril 1851. Elle a disparu lors de la création du *boulevard Saint-Michel*.

4. Supprimée. Elle allait de la *rue Saint-André-des-Arts* à la *rue de la Vieille-Bouclerie*.

5. Supprimée. Elle allait de la *rue de la Harpe* à la *rue Hautefeuille*.

6. Devenue *rue Serpente*.

Rue des Deux portes [1].

— Pierre Sarrazin.

— de Haulte feuille.

— des Cordeliers [2].

— du Pan [3].

— de la Court de Rouen [4].

— du Jardinet.

— du Gros pet [5].

— de l'Esperon [6].

— du Battouer [7].

— des Poitevins.

1. Supprimée lors du percement du *boulevard Saint-Germain*. Elle allait de la *rue de la Harpe* à la *rue Hautefeuille*.

2. Devenue *rue de l'École-de-Médecine* en 1790. En 1636, elle finissait à la *Porte Saint-Germain*, située entre la *rue Larrey* actuelle et le *passage du Commerce*.

3. *Rue du Paon*. Devenue *rue Larrey* (décret du 27 décembre 1850).

4. Aujourd'hui *impasse de la cour de Rohan*.

5. Elle est aujourd'hui comprise dans la *rue des Poitevins* ; c'est le retour d'équerre qui est presque perpendiculaire à la *rue Serpente*.

6. *Rue de l'Eperon*.

7. Aujourd'hui réunie à la *rue Serpente* (décision du 9 avril 1851). La *rue du Battoir* allait de la *rue Hautefeuille* à la *rue de l'Éperon*.

Rue du Cimetière Saint André [1].

— Saint André [2].

— de Bazoche [3].

— de l'Arondel [4].

— Gille Coeur [5].

— Pavée [6].

— des Augustins [7].

— Cristine [8].

— Neufve Dauphine [9].

Grand rue Dauphine [10].

Rue d'Anjou [11].

1. Devenue *rue Suger* (ordonnance du 5 août 1844).

2. *Rue Saint-André-des-Arts.*

3. Aujourd'hui *rue Contrescarpe-Dauphine.*

4. On écrit aujourd'hui *rue de l'Hirondelle.*

5. Aujourd'hui *rue Gît-le-cœur.*

6. Devenue *rue Séguier.*

7. Devenue *rue des Grands-Augustins.*

8. *Rue Christine.*

9. C'était la partie de la *rue Dauphine* qui se trouvait en dehors de la *porte Dauphine;* celle-ci s'élevait à l'endroit où commence aujourd'hui la *rue Contrescarpe.*

10. « Avons trouvée entièrement ord e, boueuse « et pleine de quantité d'immundices. » *Procès-verbal de visite du 30 avril 1636.*

11. Aujourd'hui *rue de Nesle.*

Rue du quay des Augustins.

— des Deux portes [1].

— du quay, allant du bout du Pont neuf à la porte de Nesle [2].

Port de Malacquest.

Nombre des rues de la Citté, Saint-Séverin et rue de la Harpe : Quatre vingtz douze rues.

FAULXBOURG SAINT GERMAIN.

Rue du Fossé [3], qui est entre la porte de Nesle et de Bussy.

— de Nesle [4].

Grand rue de Seine.

1. Devenue *rue de Nevers.*

2. On le nommait déjà *quai de Nevers.* C'est aujourd'hui le *quai Conti.* La *porte de Nesle* a été abattue pour la construction de l'*Institut* (vers 1670).

3. Aujourd'hui *rue Mazarine.*

4. Elle fait depuis longtemps partie de la *rue Mazarine ;* c'est le petit retour d'équerre par lequel elle rejoint la *rue de Seine.* En 1636, la *rue Mazarine* (alors *rue du Fossé* ou *des Fossés)* se continuait jusqu'à la rivière.

Petite rue de Seine [1].

Rue du Quay, allant depuis le port de
    Malacquest jusques au pont des
    Thuilleries [2].

— de Jacob [3].

— du Colombier [4].

— des Marestz [5].

— de Grenelle.

— de l'Eschaudé [6].

1. Devenue *rue des Petits-Augustins*, et aujourd'hui comprise dans la *rue Bonaparte*. Elle
allait du quai à la *rue du Colombier* (aujourd'hui
rue Jacob). Elle avait été ouverte sur un canal
nommé la *Petite Seine*, qui traversait le *Pré
aux Clercs,* et qui venait d'être comblé.

2. Aujourd'hui le *quai Voltaire.*

3. Elle commençait alors seulement à la *Petite-rue-de-Seine* (aujourd'hui *rue Bonaparte*).
Mais le plan de Gomboust (1650), et même
celui de Jouvin de Rochefort (1690) ne la dis-
tinguent point de la *rue du Colombier* dont
elle était la continuation.

4. Aujourd'hui réunie à la *rue Jacob* (décision du 14 juillet 1836). En 1636, elle allait
de la *rue de Seine* à la *Petite-rue-de-Seine* (aujourd'hui *rue Bonaparte).*

5. Aujourd'hui *rue Visconti.*

6. *Rue de l'Échaudé.* On donnait alors le
nom d'échaudé à tout ilot de maisons de forme

Rue de Bussy [1].

— des Mauvais garsons [2].

— Neufve des fossez [3].

— des Boucheries [4].

— du Cœur vollant [5].

— des Quatre ventz.

— de Condé.

— du Petit lyon [6].

triangulaire ; cette acception figure encore dans le Dictionnaire de Trévoux.

1. On écrit aujourd'hui *rue de Buci*.

2. Devenue *rue Grégoire-de-Tours* (ordonnance du 4 novembre 1846) ; mais la *rue des Mauvais-Garçons* finissait à la *rue des Boucheries* (aujourd'hui *rue de l'École-de-Médecine*).

3. Devenue *rue de la Comédie,* et aujourd'hui *rue de l'Ancienne-Comédie.* Elle longeait les fossés de la ville depuis la *porte de Bussy* jusqu'à la *porte Saint-Germain.*

4. Elle a été réunie à la *rue de l'École-de-Médecine.* Elle allait de la *porte Saint-Germain* à la *rue de Bussy*. « Fort orde, salle et pleine de « boues, immundices, sang et matières d'ani- « maulx. » *Procès-verbal de visite du 30 avril 1636.*

5. Réunie à la *rue Grégoire-de-Tours* (décision du 9 avril 1851). Elle allait de la *rue des Boucheries* à la *rue des Quatre-Vents.*

6. Devenue *rue Saint-Sulpice* (décision du

Rue de Tournon.

— du Petit Bourbon [1].

— de l'Aveugle [2].

— Garentières [3].

— des Fossoieurs [4].

— d'Enfer [5].

— du Canivet.

— du Pied de biche [6].

9 avril 1851). Elle allait de la *rue de Condé* à la *rue de Seine*.

1. Devenue *rue Saint-Sulpice* (décision du 9 avril 1851). Elle allait de la *rue de Seine* à la *rue Garancière*.

2. Devenue *rue des Aveugles*. Réunie à la *rue du Petit-Bourbon* (arrêté du 19 octobre 1816), puis à la *rue Saint-Sulpice* (décision du 9 avril 1851). Elle allait de la *rue Garancière* à la *place Saint-Sulpice*.

3. On écrit aujourd'hui *rue Garancière*.

4. Devenue, en 1806, *rue Servandoni*. Mais voyez ci-dessous la note 6.

5. Je ne sais à quelle rue attribuer ce nom. Jaillot (quartier du Luxembourg, p. 59) veut y reconnaître la *rue Palatine* ; il oublie que celle-ci ne fut créée qu'en 1646, lorsqu'on supprima le *cimetière Saint-Sulpice* sur l'emplacement duquel elle fut prise. Les anciens plans sont ici très-vagues.

6. Ce nom s'applique, comme celui de *rue*

Rue Ferrou [1].

— des Cannettes.

— de l'Escharpe [2].

— des Prestres [3].

— Saint Thomas [4].

— de Vaugirard.

— du Chevalier [5].

— de la Corne [6].

— du Pot de fer [7].

des Fossoyeurs, à la *rue Servandoni*. Toutes deux étant citées ici, il faut admettre que la *rue du Pied-de-Biche* commençait seulement à la *rue du Canivet*.

1. *Rue Férou*. « En aucuns endroitz nette, et « en d'autres avons veu plusieurs boues et fan- « ges. » *Procès-verbal de visite du 30 avril 1636*. Mention semblable pour les quatorze rues suivantes.

2. Peut-être veut-on désigner ainsi la *rue Guisarde* qui donne dans la *rue des Cannettes*, et qui n'est pas mentionnée ici.

3. C'est le *cul-de-sac Férou*, depuis long-temps supprimé.

4. Peut-être la *rue Saint-Thomas-d'Enfer*.

5. Aujourd'hui *rue Honoré-Chevalier*.

6. Devenue *rue Neuve-Guillemin*. Elle est confondue aujourd'hui dans le sol de la *rue de Rennes*.

7. Devenue *rue Bonaparte* (décision du 31 juil-

Rue des Messiers [1].

— du Gindre.

— Cassette.

— Princesse.

— des Cizeaux.

— Charpentier [2].

— du Viel colombier.

Petite rue Cassette [3].

Rue des Vielles thuilleries [4].

— du Sépulcre [5].

— de la Chaize [6].

let 1852). Elle allait de la *rue du Vieux-Colombier* à la *rue de Vaugirard*.

1. On écrit aujourd'hui *rue de Mézières*.

2. Aujourd'hui *rue Carpentier*.

3. Sans doute la *rue Beurrière*, qui était située à peu près dans l'axe de la *rue Cassette* et que le prolongement de la *rue de Rennes* vient de faire disparaître. Elle allait de la *rue du Four* à la *rue du Vieux-Colombier*. « Orde, « salle, boueuse et pleine d'immundices. » *Pro cès-verbal de visite du 30 avril 1636*. Même mention pour les neuf rues suivantes.

4. Réunie à la *rue du Cherche-Midi* (décision du 5 juin 1832). Elle allait de la *rue du Regard* à la *rue de Vaugirard*.

5. Devenue *rue du Dragon*.

6. *Rue de la Chaise*.

Rue des Vaches [1].

Grand rue du Four.

— — du Bacq.

Rue des Jacobins réformez [2].

— des Fossez Saint Germain [3].

— Neufve des roziers [4].

Nombre des rues estans dans ledit faulx-bourg Saint Germain : Cinquante trois.

1. Le nom de *rue des Vaches* a été porté, dans ce quartier, par quatre rues: la *rue Rousselet*, la *rue Saint-Dominique*, la *rue Taranne* et la *rue des Saints-Pères*. C'est l'une des deux dernières, que l'on a voulu désigner ici. La *rue Rousselet* n'était encore, en 1636, qu'un chemin à peine tracé au milieu des champs. La *rue Taranne* portait déjà ce nom. La *rue des Saints-Pères* conduisait directement à la *rue du Four* qui suit, tandis que la *rue Saint-Dominique* est située plus au nord.

2. Ce ne peut être que la partie de la *rue des Saints-Pères* qui va de la *rue Jacob* au quai.

3. C'est la *rue Saint-Benoît ;* mais, sur le plan de Gomboust (1650), comme aujourd'hui, elle s'arrête à la *rue Sainte-Marguerite) rue Gozlin*), et de là à la *rue du Four* prend le nom de *rue des Égouts* (aujourd'hui *rue de l'Égout*).

4. La *rue Saint-Guillaume* et le commencement de la *rue des Rosiers* ont toutes deux porté ce nom. Elles sont aujourd'hui réunies.

Aux quatre quartiers de la PLACE MAUBERT et ISLE NOTRE DAME, et des FAULXBOURGS SAINT MICHEL, SAINT JACQUES, SAINT MARCEAU et SAINT VICTOR.

Petit Pont [1].
Rue Saint Jacques.
Cloistre Saint Benoist [2].
Rue Saint Estienne des grez [3].
— du Colége Sainte Barbe [4].

1. La partie comprise entre le *Petit-Pont* et la *rue Galande* était parfois distinguée de la *rue Saint-Jacques*, et nommée *rue du Petit-Pont*.

2. Devenu *place du Cloître-Saint-Benoît*, et supprimée en 1853 pour le passage de la *rue des Écoles*. « Auquel avons trouvé plusieurs « taz d'immundices, » dit le *Procès-verbal de visite du 3 mai 1636*.

3. Devenue *rue Cujas*. Mais elle allait seulement alors de la *place Sainte-Geneviève* à la *rue Saint-Jacques*.

4. Devenue *rue Saint-Symphorien*, puis *rue des Cholets*, et supprimée en 1845 (ordonnance

Rue des Cordiers [1].

Cloistre Saint Estienne [2].

Rue de la Grand bretonnerye [3].

Grand rue Saint Marceau [4].

Rue des Prestres [5].

du 5 septembre). Le nom de *rue Sainte-Barbe* a été porté par la *rue des Chiens,* mais elle est citée plus loin sous ce dernier nom.

1. La *rue des Cordiers* a été citée déjà, et elle est bien courte pour mériter une double mention. Peut-être faut-il reconnaître ici une petite rue qui commençait à la *rue des Postes* et qui fut supprimée par un arrêt du Conseil du 8 septembre 1759; le plan de Gomboust la nomme *rue de la Corne,* mais à la fin du xviie siècle, des cordiers s'y établirent, on la ferma pendant la nuit, et elle devint le *cul-de-sac des Corderies.*

2. *Saint-Etienne-du-Mont.*

3. Les *rues de la grande* et *de la petite Bretonnerie* étaient parallèles, et se reliaient entre elles à leur extrémité par un retour d'équerre ; toutes deux commençaient *rue Saint-Jacques.* Leur sol est aujourd'hui couvert par les maisons qui touchent l'*École de droit.*

4. La partie de la *rue Mouffetard* comprise entre le *Pont aux Tripes* et les *Gobelins.* « Fort peu fréquentée, et neangmointz trouvé « quantité de boues et immundices. » *Procès-verbal de visite du 3 mai 1636.*

5. *Rue des Prêtres-Saint-Étienne-du-Mont.*

Rue Clopin [1].

— du Meurier [2].

— du Pan [3].

— du Bon puis [4].

— des Ratz [5].

— Traversine [6].

— Saint Nicolas du chardonneret [7].

1. La *rue Clopin* allait de la *rue d'Arras* à la *rue Bordelle* ou *Bourdelle* (aujourd'hui *rue Descartes*).

2. Devenue *rue du Mûrier*, puis supprimée. Elle allait de la *rue Traversine* à la *rue Saint-Victor*.

3. Devenue *rue du Paon*, puis supprimée. Elle était parallèle à la précédente.

4. Supprimée. Elle était parallèle à la précédente.

5. Il faut évidemment lire *rue d'Arras*. Elle était parallèle à la précédente, et existe encore.

6. Supprimée. Elle allait de la *rue d'Arras* à la *rue de la Montagne-Sainte-Geneviève*. « ... Que « avons trouvée être le receptacle de boues, « ordures et immundices seiches et fraiches, qui « cause de grandes vapeurs puantes capables « d'infecter tout le quartier. » *Procès-verbal de visite du 3 mai 1636.*

7. Il faudrait *du Chardonnet*, mais un grand nombre de plans commettent la même erreur.

Grand rue des Boucheries [1].

Rue des Carmes [2].

— de Judas [3].

— de Bourdeille [4].

— des Amandiers [5].

— des Sept voyes.

— de Layne [6].

— des Chiens [7].

— Charetiere.

— Fromentel.

— Saint Hillaire.

1. Sans doute la partie de la *rue de la Montagne-Sainte-Geneviève* qui touchait à la *place Maubert*.

2. « Orde, salle, boueuse et pleine d'immun-« dices. » *Procès-verbal de visite du 3 mai 1636.* Même mention pour les dix-sept rues suivantes.

3. Devenue *rue du Clos-Bruneau* (décision du 2 août 1838), puis supprimée.

4. Devenue *rue Descartes* (ordonnance du 7 février 1809).

5. Aujourd'hui *rue Laplace.*

6. Il m'a été impossible de découvrir quelle rue on avait voulu désigner ici.

7. Devenue, en 1806, *rue Jean-Hubert.* Supprimée en 1844 pour la construction de la bibliothèque Sainte-Geneviève.

Rue d'Escosse.

— Saint Jehan de Beauvais.

— Saint Jehan de Latran.

— des Anglois.

— des Noyers [1].

— des Lavandières.

— du Plastre [2].

— de Bièvre.

— de la Montagne Sainte Geneviefve.

Grand rue Saint Victor.

Rue des Bernardins.

— du quay de la Tournelle.

— Perdue [3].

— Pavée [4].

— de la Court aux boeufz [5].

1. Aujourd'hui confondue avec le *boulevard Saint-Germain*.

2. Devenue *rue Domat*.

3. Devenue *rue Maître-Albert* (ordonnance du 5 août 1844).

4. Elle a été réunie à la *rue des Grands-Degrés*.

5. D'après le plan de Gomboust (1650), ce n'était qu'un cul-de-sac qui s'ouvrait au commencement de la *rue des Sept-Voies;* il le nomme *la cour aux beufs*. Le plan de Mérian (1615) ne l'indique pas.

La grand rue de l'isle Notre Dame[1]. .

Rue Saint Louys [2].

— Regratière.

— Poulletier.

Total des rues estans dans lesditz quartiers de la Place Maubert et Isle Notre Dame : Quarente-sept rues.

FAULXBOURGS SAINT JACQUES ET SAINT MICHEL.

Grand rue du faulxbourg Saint Jacques.

Rue Saint Dominique.

— des Postes.

— du Petit paradis [3].

— Neufve des fossez [4].

1. Aujourd'hui *rue Saint-Louis ;* mais elle traverse l'île dans toute sa longueur. En 1636, on la nommait *rue Saint-Louis* depuis l'extrémité occidentale de l'île jusqu'à l'église Saint-Louis, et *grand rue de l'Isle* depuis cette église jusqu'à l'extrémité orientale de l'île.

2. Voyez la note précédente.

3. Le plan de Gomboust la nomme *rue de Paradis.* Elle allait de la *rue des Vignes* à la *rue du Faubourg-Saint-Jacques.*

4. Ce nom me paraît ne pouvoir s'appliquer

Rue de l'Esgoust[1], contre le Val de grâce.

— d'Enfer, au faulxbourg Saint Michel.

— de Vaugirard[2].

— Neufve Saint Lambert [3].

Nombre : neuf rues.

---

qu'à la *rue des Marionnettes*, qui n'est d'ailleurs pas citée ici. Elle longeait au nord les
jardins du *Val-de-Grâce* et aboutissait à la *rue
du Faubourg-Saint-Jacques*.

1. Devenue *rue du Puits-de-l'Orme*, puis
rue des Sansonnets. Elle limitait au sud les
jardins du *Val-de-Grâce* et de la *rue du Faubourg-Saint-Jacques*, puis allait aboutir dans le
champ des Capucins près de la *rue des Bourguignons*.

2. Elle a déjà été mentionnée plus haut.

3. Je ne connais dans ce quartier que la *rue
de Condé* qui ait été ainsi appelée : mais la *rue
de Condé* a déjà été mentionnée page 120. Faut-
il supposer qu'elle portait alors deux noms, et
que la partie qui donne dans la *rue de Vaugirard* était la *rue Neuve-Saint-Lambert*,
tandis que la partie contiguë à la *rue du Petit-
Bourbon* (aujourd'hui *rue Saint-Sulpice*) était
la *rue de Condé?* Cette hypothèse est contre-
dite par l'examen des plans qui tous désignent
sous le même nom la rue entière ; le plan de
Tapisserie (1540) porte *rue Neuve*, celui de
Ducerceau (1560) *rue Neufve*, celui de Mé-

FAULXBOURG SAINT MARCEAU.

Grand rue de Moustar [1], qui est la grand
rue dudit faulxbourg.
Rue des Morfonduz [2].
— d'Ablon [3].
— Gracieuse.
Grand rue de Coppeaulx [4].
Rue de la Clef.

rian (1615) *rue de Gondi*, ceux de Gomboust
(1650), de Berey (1654), de Bullet (1656) et de
Jouvin de Rochefort (1690) *rue Neuve-Saint-
Lambert,* celui de B. Jaillot (1717) *rue de Condé*
ou *rue Neuve-Saint-Lambert.*

1. Aujourd'hui *rue Mouffetard.* Le plan dit
de Ducerceau (1560) la nomme déjà *la grant
rue Saint-Marceau;* celui de Mérian (1615) le
fauxbourg Saint-Marcel; l'on voit enfin appa-
raître en 1650, sur le plan de Gomboust, les
mots *rue Moular* et *rue Moustar.*

2. Devenue *rue Neuve-Saint-Étienne.* « Y
« avons veu plusieurs immundices. » *Procès-
verbal de visite du 3 mai 1636.* Mention de
même nature pour les vingt-deux rues suivantes.

3. Le plan de Jaillot (1717) la nomme déjà
rue d'Ablon ou *rue Neuve Saint-Médard.*

4. Devenue *rue Copeau,* puis *rue de Lacé-
pède* (décret du 11 novembre 1853).

Rue Neufve Sainte Geneviefve [1].

— de l'Espée de boys.

— de l'Arbalestre [2].

— d'Orléans [3].

— de l'Ursine [4].

— de Bourgogne [5].

— du Chant de l'allouette [6].

— des Gobelins.

— Sansier [7].

— du Fer de moulin [8].

— du Petit moyne.

— Saint Marcel, ditte la Vielle ville.

— Saint Hippolitte [9].

Petite rue Saint Hippolitte [10].

1. Devenue *rue Tournefort*.
2. *Rue de l'Arbalète*.
3. Devenue *rue Daubenton*.
4. Devenue *rue de Lourcine*.
5. Devenue *rue des Bourguignons*.
6. *Rue du Champ-de-l'Alouette*.
7. On écrit depuis longtemps *rue Censier*.
8. *Rue du Fer-à-Moulin*.
9. Elle allait de la *rue Mouffetard* à la *Bièvre*. C'est aujourd'hui la *rue des Trois-Couronnes*.
10. Devenue *rue Pierre-Assis*, et aujourd'hui comprise dans le parcours du *boulevard de Port-Royal*.

Rue des Tainturiers [1].
— des Marmouzestz.
— de Bièvre [2].
— de la Royne blanche.

Nombre des rues estans dans le faulxbourg Saint Marceau : vingt-cinq rues [3].

FAULXBOURG SAINT VICTOR.

Grand rue dudit faulxbourg Saint Victor [4].
Rue des Boulangers.
— de Seine [5].
— du Puis de l'hermite.
— d'Orléans [6].

1. C'est la *rue Saint-Hippolyte* actuelle. Elle
allait de la *rue de Lourcine* à la *Bièvre*.

2. Aujourd'hui *rue des Gobelins*.

3. Il n'y en a que vingt-quatre de citées.

4. Elle comprend les rues actuelles de *Saint-
Victor*, *Linné* et *Geoffroy-Saint-Hilaire*. « Le
« *quarefour du faulxbourg Saint-Victor*, trouvé
« ord, salle et plein de boues et immundices
« seiches. » *Procès-verbal de visite du 3 mai
1636*. Mention semblable pour les cinq rues
suivantes.

5. Devenue *rue Cuvier* (ordonnance du 8 novembre 1838).

6. Aujourd'hui *rue Daubenton ;* c'est la partie

— de la Miséricorde [1].

Nombre : six rues.

FAULXBOURG OU YSSUE DE LA PORTE DU TEMPLE.

Rue du faulxbourg de ladite porte du Temple, appellé la Courtille [2].

FAULXBOURG SAINT MARTIN.

Grand rue du faulxbourg Saint Martin.
Rue du faulxbourg Saint Laurens [3].

comprise entre la *rue de la Clef* et la *rue du Faubourg-Saint-Victor*.

1. Devenue *rue du Pont-aux-Biches*.

2. « Nous avons veu cinq ou six maisons ap-
« pelées *la Courtille*, non pavée, mais pleine
« de boues et immundices, et grandes parties
« de boues seiches collées contre les murs, et
« une infinité d'ordures sur le chemin du Mes-
« nil montant. » *Procès-verbal de visite du
3 mai 1636*.

3. Jusqu'au commencement du xviiie siècle,
c'est le nom que portait la *rue du Faubourg
Saint-Martin* à partir de l'église *Saint-Laurent*.
« Que avons trouvée orde, salle, boueuse et
« pleine d'immundices. » *Procès-verbal de visite du 3 mai 1636*.

FAULXBOURG SAINT DENIS.

Grand rue du faulxbourg Saint Denis [1].
Rue Saint Lazare.
Cinq rues en ces trois faulxbourgs.

Nombre total de toutes les rues qui sont dans la ville et faulxbourgs de Paris.

Cinq cens quinze rues[2].

1. « Que avons trouvée salle, orde et pleine « de boues et immundices de tous costez. » *Procès-verbal de visite du 3 mai 1636.*

2. Chiffre tout à fait approximatif. Plusieurs des rues alors existantes manquent dans cette nomenclature, et nous avons vu que quelques autres y étaient citées deux fois.

NOMBRE DES ESGOUTZ

estans

DANS LA VILLE ET FAULXBOURGS

DE PARIS.

L'ESGOUST couvert, autrement aqueduc, allant depuis le *carrefour Saint Paul* jusques à la *porte du Temple* [1].

1. « Avons trouvé la *rue de l'Esgoust couvert* (voy. la note 6, p. 79) pleine d'immundices et bouës a demy seiches. Et l'embouchure de l'esgoust bouché par le moien desdictes boues, qui faict que l'eaue n'aiant son écoulement par le dedans, ledit esgoust regonfle jusques au hault de ladite rue, qui cause une grande vapeur puante qui pourroit causer quelque contagion aux habitans des environs de ladite rue. C'est pourquoy m'ont lesditz habitans requis de faire faire ledit nettoyement d'icelle rue, et le desbouchement dudit esgoust en bref. » *Procès-verbal*

Ung petit esgoust qui entre dans le susdit esgoust couvert, qui est au bas de la *rue Neufve Saint Gilles*.

Ung esgoust estant au bas de la *rue du Petit muz*, proche les Célestins, qui va se rendre dans la rivière [1].

L'esgoust couvert, autrement aqueduc, allant depuis le jeu de paume des Marestz en la *Vielle rue du Temple*, et qui a sa sortie dans le fossé de la Ville [2].

L'esgoust de la *porte du Temple*.

L'esgoust du *Pont au Biche* [3].

Les esgoustz du *Ponceau*.

---

de visite du 21 avril 1636. — L'entrée de cet égout est indiquée sur le plan de Gomboust.

1. En passant devant l'*Arsenal*.

2. « Et estant à l'esgoust couvert qui est viz à viz du jeu de paulme des *Marestz du Temple*, avons trouvé icelluy esgoust plein de boues et immundices à son emboucheure ; n'y aiant qu'une fort petite rigolle au millieu desdites boues, pour donner cours tant soit peu à l'eaue. » *Procès-verbal de visite du 21 avril 1636*.

3. Ce pont, dessiné et nommé sur le plan de Gomboust, avait été jeté sur l'égout, entre la *rue Notre-Dame-de-Nazareth* et la *rue Neuve-Saint-Martin*.

L'esgoust de la *porte de Montmartre* et de la *rue du Bout du monde* [1].

Ung canal en forme d'esgoust, proche et joignant la *porte neufve Saint Honnoré*.

L'esgoust de la *Poterne du Pallais*.

L'esgoust estant soubz l'orloge du Pallais.

L'esgoust estant dans la *rue de Seine* [2].

1. « Les eaues ne peuvent avoir leur passaige libre et escoulement par dedans icelluy esgoust, attendu qu'il est bouché et encombré de quantitez d'ordures et immundices : ce qui faict que lesdites eaues croupissent et regonflent jusques proche l'églize Saint Eustache, et rendent une telle vapeur puante, par le moyen des carrosses, charrettes et chevaulx qui passent au dedans desdites eaues, que est capable d'empester tout le quartier ; et le mesme regonflement et croupissement d'eaue se faict par dedans la *rue du Bout du monde* jusques à ladite *rue de Montorgueil;* et est à remarquer que la puanteur desdites eaues est beaucoup plus puante et infecte en cest endroit que en d'autres, à cause des bouchers et chercutiers qui ont leurs thuries sur ledit esgoust, et que le sang et tripailles et autres matières proviennent tant desdites thuries que nettoyement des maisons. » *Procès-verbal de visite du 26 avril 1636.*

2. « Et dans icelle *rue de Seine*, approchant du bas d'icelle vers la rivière, nous avons veu ung esgoust qui reçoit les eaues qui viennent

L'esgoust du faulxbourg Saint Germain, venant de la *rue du Four*, et allant du long des murs des jardins de *l'abbaye Saint Germain,* par dessoubz la maison du sieur des Yvetotz [1].

d'une partie du faulxbourg Saint Germain, rompu à son entrée et bouché, les pierres tumbées au fond : qui empesche l'escoulement des eaues, ce qui cause une grande puanteur dans ladite rue, en danger de faire naistre quelques maladies contagieuses, dont tous les voisins dudit esgoust nous ont faict leurs plaintes et leurs supplications d'y faire mettre ordre en bref ; sinon qu'ilz seront contrainctz de quitter ladite rue en danger. Outre qu'ilz voient souvent plusieurs carrosses et harnois tumber dedans, qui accroissent la rupture dudit esgoust. » *Procès-verbal de visite du 30 avril 1636.*

1. Le poëte Vauquelin des Yveteaux. Cette maison, alors célèbre, et dont il est assez longuement parlé dans Tallemant des Réaux (t. VI, p. 342), était située entre la *rue du Colombier* (aujourd'hui *rue Jacob),* la *rue des Deux-Anges* (devenue *rue des Marais,* puis *rue Visconti)* et la *rue de la Petite-Seine* (devenue *rue des Petits-Augustins,* puis *rue Bonaparte).* Celle-ci, comme nous l'avons dit, venait d'être ouverte, et au grand désespoir de des Yveteaux, car elle passait entre sa maison et son jardin ; le poëte, pour les réunir, fit établir, au-dessous de la rue

Le petit esgoust du *Petit pont*[1].

un passage voûté. Cette explication était nécessaire pour l'intelligence du récit de Tallemant :
« Estant disgracié, il achetta une maison dans
la rue des Marais, au fauxbourg Saint Germain.
En ce temps là, il n'y avoit rien de basty au
delà dans le fauxbourg : on l'appelloit à cause
de cela *le dernier des hommes*. Cette maison a
l'honneur d'estre aussy extravagamment prise
que maison de France. Le grand jardin qu'il y
joignit, et auquel on va par une vouste sous
terre, est à peu près fait de mesme. Il se mit à
fairé là dedans une vie voluptueuse, mais cachée :
c'estoit comme une espèce de Grand-Seigneur
dans son serrail. »

1. « Auquel lieu nous avons trouvé quantité
d'immundices, comme pailles pourries, plumes,
tripailles et autres ordures provenans partie
des nettoyemens du *petit Chastelet*, et l'autre
partie des rotisseurs, bouchers, tainturiers, bou-
graniers et autres, qui contreviennent conti-
nuellement aux ordonnances, qui leur font à
tous deffences d'exposer telles villaines et puantes
ordures en ce lieu; dont mesmes les bourgeois
et habitans des environs nous ont faict leurs
plaintes et dit que lesditz rotisseurs, bouchers, etc., estoient tenuz de les faire oster à
leurs dépens, et de nettoier l'esgoust qui est
contre le petit Chastelet, que avons veu bouché
et encombré. » *Procès-verbal de visite du
3 mai 1636.*

L'esgoust de la *rue de Bièvre* [1].

L'esgoust qui est entre les deux rues, la *rue Pavée* et la *rue Perdue,* proche la *place Maubert.*

L'esgoust qui est joignant les murs du Val de Grâce, au bout du *faulxbourg Saint Jacques* [2].

L'esgoust de la *rue Moustar*, appellé le *Faux Ru*, estant au *faulxbourg Saint Marceau*, proche Saint Médard [3].

1. « Lequel est bouché, incapable de recevoir l'escoulement des eaues qui proviennent tant de ladite rue que autres. » *Procès-verbal de visite du 3 mai 1636.*

2. « Plein de bouës, immundices et eaues croupies qui ne peuvent s'escouler, à cause de la rupture du pavé qui est tout ruyné ; et à quoy il est nécessaire de pourveoir au plustost, pour remédier aux puanteurs et mauvais airs que rapporte incessamment ledit esgoust aux habitans des lieux circonvoisins, qui à faulte de ce pourroient causer des maladies contagieuses. » *Procès-verbal de visite du 3 mai 1636.*

3. «... que avons trouvé bouché, incapable de pouvoir recevoir les eaues provenans des rues cy dessus ; lequel engorgement faict regonfler les eaues jusques au carrefour de la *rue de l'Ursine*, qui empesche et rend dificile le

L'esgoust estant à l'entrée du *faulxbourg Saint Victor*, proche la porte de la ville.

Ung petit pont estant sur la rivière de Bièvre venant des Gobelins, sciz au millieu de la *rue de Seine* [1] qui est viz à viz de l'hospital de la Pitié.

passaige ordinaire des allans et venans en ceste ville de Paris, et de plus porte ung très grand préjudice aux habitans et circonvoisins dudit esgoust, par les mauvaises vapeurs puantes qui proviennent des immundices arrestées dans icelluy, qui peult causer quelques maladies contagieuses. » *Procès-verbal de visite du 3 mai 1636.*

1. « Au millieu de laquelle rue se treuve ung pont sur la rivière de Bièvre [au point où elle entrait dans les jardins de l'abbaye de Saint-Victor]; l'arcade duquel pont est rompue, brizée et enfoncée jusques au travers du millieu de ladite *rue de Seine* (aujourd'hui *rue Cuvier*), qui apporte une très grande incommodité et mesmes ung péril éminent à tous les allans et venans par ladite rue, attendu que on peult facilement verser, soit carrosses ou charrettes, dans ladite rivière de Bièvre; c'est pourquoy il seroit très nécessaire pour obvier à telz évé-nemens, de pourvoir promptement à la refection dudit pont. » *Procès-verbal de visite du 3 mai 1636.*

L'esgoust du moulin Bourgault, estant au
bout du *faulxbourg Saint Victor* [1].

Le premier esgoust du *faulxbourg Saint
Denis* [2].

Le second esgoust dudit faulxbourg.

Le troisiesme esgoust dudit *faulxbourg
Saint Denis* [3].

1. «... qui est bouché de telle sorte que cela
faict regonfler les eaues jusques au hault de
ladite grand rue, et empesche et rend dificille
le passaige ordinaire des allans et venans en
ceste ville de Paris, et préjudiciable à la santé
des habitans circonvoisins dudit esgoust. » *Procès-verbal de visite du 3 mai 1636.*

2. « Lequel nous avons trouvé incapable de
recevoir toutes les eaues, pour estre brizé et
rompu au travers du revers du pavé qui est au
long des maisons. Ce qui cause que plusieurs
personnes allans et venans se blessent en passant. Outre que ledit esgoust rend une grande
puanteur qui incommode les habitans voisins,
faulte d'estre desbouché, vuidé et nettoyé. » *Procès-verbal de visite du 9 mai 1636.*

3. « Lequel est bouché de telle sorte que les
eaues regonflent dans la rue et rendent une
vapeur très puante, capable de causer quelques
maulx contagieux... Thomas Mazière, menui-
sier, et locataire de la maison scituée sur ledit
esgoust nous a dit que tous les ans il y a tous-
jours quelqu'un frappé de la maladie conta-

Nombre desditz esgoustz : vingt quatre.

gieuse en ceste maison, causée par lesdites puanteurs d'immundices. Et d'habondant, plusieurs habitans circonvoisins nous ont faict leurs plaintes verballes, et requis d'y faire mettre ordre en bref, ou qu'ilz seroient contrainctz de quitter ledit faulxbourg, comme nous a dit aussy Martin Clouet, boucher, principal locataire, qui nous a confirmé ce qui nous avoit esté dit par ledit Mazière, et de plus que ledit esgoust ne peult prendre son cours ordinaire, en estant empesché par la malice des voisins qui sont au dessoubz de ladite maison, qui le bouchent et encombrent de terres et autres matières, qui retient l'escoulement desdites eaues, au grand préjudice du publicq. » *Procès-verbal de visite du 9 mai 1636.*

VOIRIES.

~~~~~~

UNE voirie publicque hors la porte Saint Anthoine[1].

La voirie publicque qui est entre la porte du Temple et la porte Saint Martin[2].

La voirie proche la faulse porte Saint Denis[3] et Saint Lazare.

La voirie de la porte de Montmartre[4].

1. Située au nord de la *Bastille* et à la hauteur du boulevard actuel.

2. Celle de l'enceinte de Charles V. Elle était située à la hauteur de la *rue Meslay* actuelle.

3. Située au devant du pont jeté sur le grand égout, qui coulait à peu près sur l'emplacement de la rue actuelle *des Petites-Ecuries*.

4. Elle avait été commencée l'année même (entre 1635 et 1636). Elle était située à l'extrémité de la *rue des Jeuneurs*.

La voirie qui est entre la porte neufve Saint·Honnoré [1] et la porte de la Conférance [2].

La voirie qui est au Pré aux Clercz.

Une voirie empruntée estant au delà des Petites-Maisons [3], deppendant de l'abbaye Saint Germain.

Une voirie qui est entre le faulxbourg Saint Jacques et le faulxbourg Saint Marceau.

Ung champ emprunté, qui est au bout du faulxbourg Saint Victor, où est à présent la voirie, proche d'un autre champ, que les abbé et religieux de Saint Victor sont tenuz de bailler presentement pour faire la voirie.

Nombre desdites voiries: Neuf.

1. Construite dans l'axe de la *rue Royale*. Elle datait seulement de 1632.

2. Située sur le bord de la rivière à l'extrémité orientale du *Jardin des Tuileries*.

3. L'hôpital des *Petites-Maisons*, devenu *hospice des Ménages* était situé *rue de Sèvres*, entre la *rue de la Chaise* et la *rue du Bac*.

TABLE GÉNÉRALE

DES

MATIÈRES.

TABLE

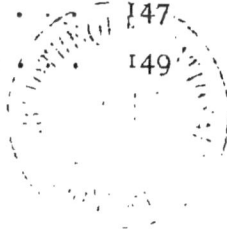

ACHEVÉ D'IMPRIMER

Sur les presses de HEUTTE et Cᵉ,

Typographes

A SAINT-GERMAIN EN LAYE

Le 3 septembre 1873.

Pour LÉON WILLEM, Libraire.

A PARIS.

. Librairie L. WILLEM, 7, rue Perronet, Paris

COLLECTION DE DOCUMENTS RARES OU INÉDITS

RELATIFS A L'

HISTOIRE DE PARIS

Publiée par MM. Jules Bonnassies, Henri Bordier, Charles Brunet, Paul Chéron, H. Cocheris, Jules Cousin, l'abbé Valentin Dufour, Alfred Franklin, Désiré Lacroix, Ludovic Lalanne, le Dr Lannelongue, Anatole de Montaiglon, Ch. Read, L. Tisserand, etc.
Environ 25 volumes ou plaquettes petit in-8, Tellière

SOUS PRESSE :

Entrée de Louis XIV à Paris publiée par M. A. de Montaiglon, professeur de l'École des Chartes.

La première opération de la Taille à Paris, par M. le Dr Lannelongue, professeur agrégé à la Faculté de médecine de Paris.

Les rues de Paris au xiiie *siècle et les Crys de Paris* publiés par M. Alfred Franklin, de la Bibliothèque Mazarine.

L'Hôtel de la reine Marguerite, par M. Jules Cousin, bibliothécaire de la ville de Paris.

La cheute du Pont-Marie en l'Isle Notre-Dame à Paris, 1658, publié par M. Jules Cousin.

N. B. Chaque ouvrage se vendra séparément, mais en raison de la restriction du tirage, les personnes qui tiendraient à posséder la collection complète, feront bien de retenir leurs exemplaires dès à présent.

Imp. Eugène Heutte et Ce, à Saint-Germain.

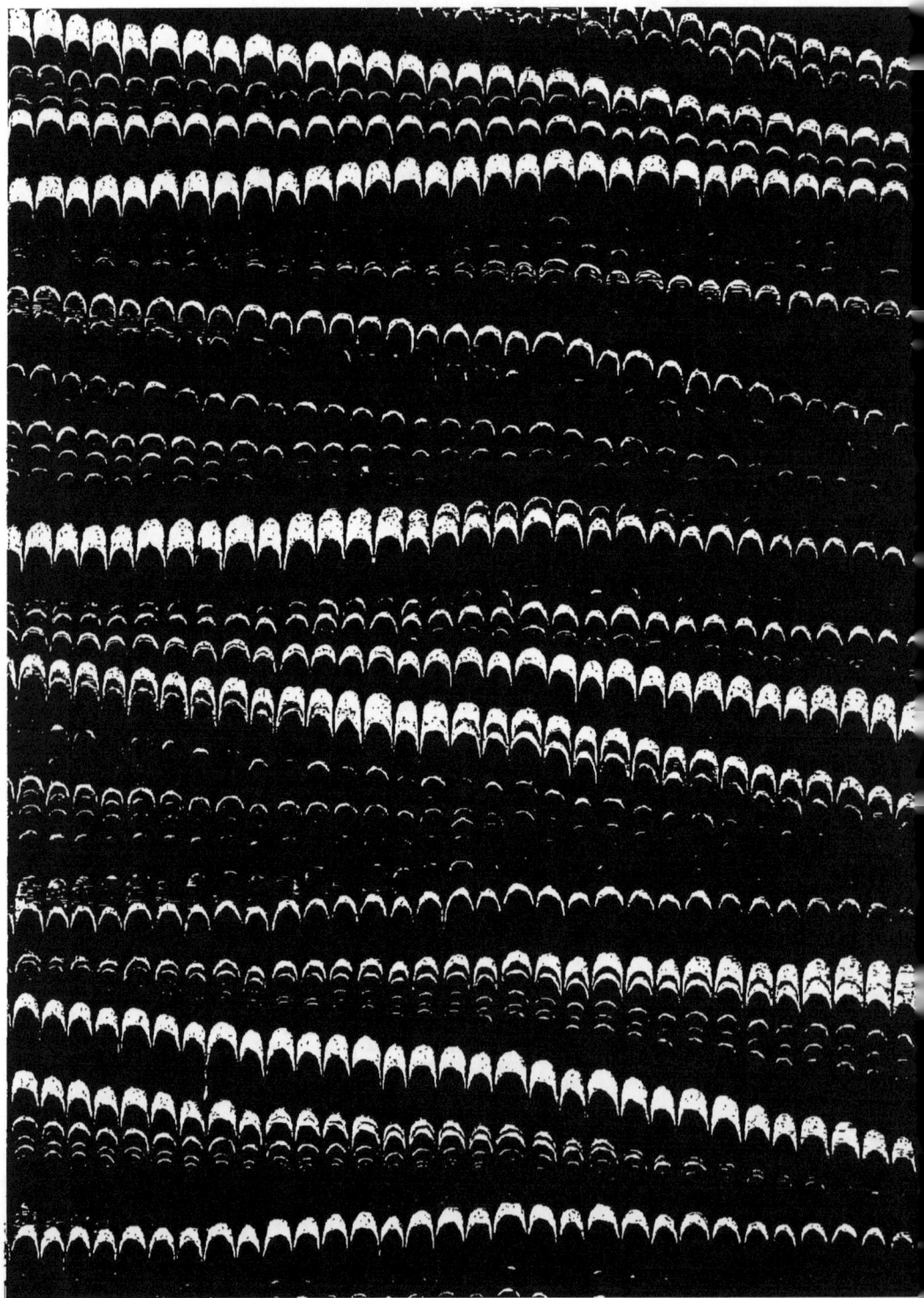

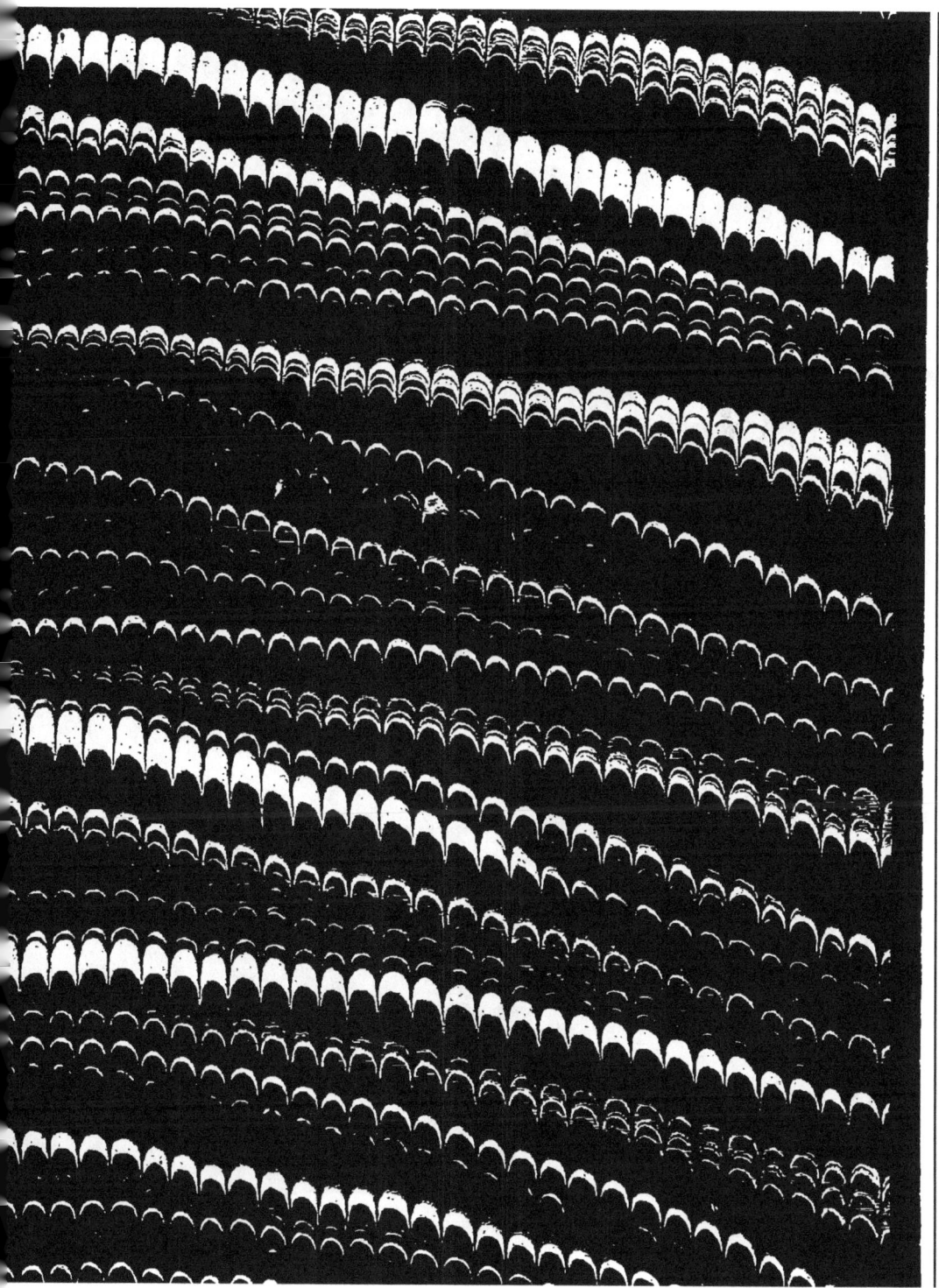

www.ingramcontent.com/pod-product-compliance
Lightning Source LLC
Chambersburg PA
CBHW070410090426
42733CB00009B/1609